WAREHOUSE HOME

インダストリアル インテリア コレクション

JN241088

WAREHOUSE HOME

INDUSTRIAL INSPIRATION FOR TWENTY-FIRST-CENTURY LIVING

現代の住まいに取り入れたい、
インダストリアルな味わい

Sophie Bush
ソフィー・ブッシュ

with 375 illustrations

CONTENTS

目次

P.4の写真（左）：
A+Z design studioが手掛けたロフト19
ベッペ・ブランカート撮影
P.4の写真（右）
Mark Lewis Interior Designが手掛けた
家具製造工場
ローリー・ガーディナー撮影

CASE STUDY KEY
ケーススタディ中の記号

Design Insights
From The Architect
建築家によるデザイン上の考察

Personal Perspectives
From The Homeowner
ホームオーナーによる評価

INTRODUCTION

はじめに

4 年前、私と夫はロンドン南東部に住居を購入した。建物は、第2級指定建造物に登録された倉庫を改修したもの。テムズ川の川岸に建つ、ヴィクトリア様式の壮大な穀物倉庫を初めて目にしたときのことはいまもはっきりと憶えている。まず、そのスケールに驚かずにはいられなかった。役目を終え、水面に首を垂れて静かに眠るクレーン。はるか頭上では、屋上の給水塔が林立する高層ビル群をじっと見下ろしていた。改修された建物のそこかしこに、前時代の魅力的な名残を見つけることができた。そしてこの建物は、いまも変わらず私を感動させてくれ、これまでたくさんのものを与えてくれた。「我が家」というだけでなく、『ウェアハウス・ホーム（倉庫の家）』（現在、60カ国で刊行されている）という雑誌を世に出すためのインスピレーション源にもなったのだ。

　本書『ウェアハウス・ホーム』では、ニューヨークからメルボルン、ロンドン、香港まで、私たちが訪れた世界各地の刺激あふれる工業用建築物の改修住宅を取りあげる。ここでは、「インダストリアル（工業）」と「インダストリアルスタイル（インダストリアル風）」を区別し、工業あるいは製造業のために実際に使用されていた建物のみを対象とした。歴史ある穀物倉庫や、かつての繊維工場や皮なめし工場、捺染工場、そして倉庫が住居へ——職住兼用の空間から家庭的なロフト空間まで、大規模な集合住宅から個人宅まで——と見事に生まれ変わった数々の例を紹介する。むきだしの木の梁や、素朴なレンガ造りの壁、骨組みの柱、工場のドア……。住居に個性を与えている建物本来の特徴にとくに注目した。

　歴史的建造物にはそれぞれの国の豊かな工業の歴史と誇りが残されている。そこに魅力を感じる人は多いだろう。私たちが住居とする倉庫は、第二次世界大戦中の集中爆撃を辛くも逃れたものの、建物を囲っていた木材置き場やドック、倉庫などはほぼ全壊した。戦後、かつてグローバルな産業革命の中心地であった工場や倉庫は、産業界の衰退と近代化の波によってその存続が危うくなっていく。世界中の町にあった皮なめし工場、タバコ工場、ポンプ場、捺染工場も閉鎖され、長い間放置され、解体の危機にさらされた。それでもなお、そうした建物は、私たちの心をときめかせる存在でありつづけたのだ。

　工業用空間を人の住む場所に変えるという「ロフト住宅」ブームは、1950年代のニューヨークから始まった。当時、中産階級の人々は、ごみごみとして空気の悪いマンハッタンから、家族と暮らすのにぴったりな郊外へと引っ越していった。すると、放置されていた工業用建築物の広々とした空間に魅かれた芸術家たちが集まってきて、地域に新たな息吹が吹きこまれる。それが現在ソーホー（ハウストン通りの南）と呼ばれる地域である。19世紀後半、キャストアイアン構造の旧倉庫はとても安い賃料で借りることができたため、あっという間に、自由でシンプルで革新的な（ほとんどが違法な）住居に生まれ変わっていった。ニューヨーク市都市計画審議会は、高速道路を建設するために古い建物を撤去しようとしたが、新たに住み着いたクリエイティブな人々の勢いに押され、ソーホーは賑わいを見せていく。その経済的な成長余地は大きく、ソーホー界隈、そして建物たちも生き残ることになった。1963年には、「キャストアイアン建築の倉庫はニューヨーク市の重要な歴史遺産であ

◀◀ 第2級指定建造物に登録されているニュー・コンコーディア・ワーフは、1885年、テムズ川のセント・セイヴィアーズ・ドックの湾口部に穀物倉庫として建築された。現在、シャッド・テムズとして知られる界隈は、当時ロンドン最大の倉庫地帯であった。スパイスやコーヒーなどの農作物が川船から直接荷揚げされていたという。

「役目を終え、水面に首を垂れて静かに眠るクレーン。
はるか頭上では、屋上の給水塔が林立する高層ビル群をじっと見下ろしていた。
改修された建物のそこかしこに、前時代の魅力的な名残を見つけることができた」

る」とする報告書も発表された。再開発を推し進めるべく法律が改訂され、若い建築家たちはこぞって、倉庫をよりモダンでより斬新なマンションへと改修しはじめる。前衛的といわれていた住居がもてはやされ、1990年代には、マンハッタン・ロフト・コーポレーションやアーバン・スプラッシュといったデベロッパーが、アメリカやイギリス、あるいは世界各国で工業団地を再開発していった。映画『ウォール街』（1987年）やコメディドラマの『フレンズ』（1994−2004年）も、「ロフト住宅」ブームに拍車をかけた。

　時代の流れとともに、住宅不足と、画一的な現代風デザインの住宅に対する幻滅から、改修住宅へのあこがれは強まる一方だ。改修住宅は希少価値が高く、どこか冒険心を刺激する。保存して後世へと残し、さらに魅力的な建物にしたいという情熱をかき立てるのだ。たとえば、ザ・ハット・ファクトリー、オリエンタル・ウェアハウス、シナモン・ワーフ、タバコ・ドック、ザ・マルチングス（麦芽製造所）といった名称に、かつての役目やはるか遠い昔の面影を感じることができる。ロンドンのシャッド・テムズ地区にある埠頭倉庫群は、1990年代に住宅へと改修されたが、最初の入居者は、1世紀前にそこに貯蔵されていたスパイスの香りを嗅ぐことができたという。こうした工業用建築物は、柔軟に活用できる空間と、個性を表現できる独自の歴史的背景を提供してくれる。コンクリートやレンガ壁、頑丈な梁で支えられた建物は、殺風景な洞窟のように見えながらも、気骨と品性にあふれ、インテリアデザインに目がない人々にとっては、胸躍る真っ白なキャンバスでもある。こうした建物ではありきたりな装飾のルールにとらわれることなく、どんな建物よりも革新的な建築手法やデザインに挑戦できる。

　建築家やデザイナーにとって、工業用建築物の改修は、従来の住宅では考えられないような、実用性と美的センスの組み合わせを実現できる。建物の骨組みをむきだしのままにするのもよし、レンガ壁や鋳鉄の柱、木の梁、トラス、個性的な倉庫の窓をそのまま残すのもよし。インダストリアルな素材を活かしながらも、いかに現代のライフスタイルや生活に求められる要素や装飾を取り入れるか。それこそが、クリエイティビティの勝負どころだろう。

　独創性の際立つ改修住宅は、野心的であるだけでなく、「インダストリアルシック」という、いまや一般的となった美意識をも生みだした。世界中のホームオーナーやインテリアデザイナーたちは、豊かな感性で、倉庫をさまざまに装っている。そこで本書の第2部では、「装飾のディテール」と題して、どんな住宅でもウェアハウス風の雰囲気が出せる実用的なヒントとアイデアを紹介する。

　現在、各国の工業遺産が誇る確かなクオリティが見直されている。かつて工場の作業場として設計された独特のデザインが、いまや引く手あまたになり、無人の工場に残されていた什器や工業用の照明が大切に保管されるようになった。古い建築資材や打ち捨てられていた機械までもがスクラップの山から救い出され、驚くようなアイデアで再利用され、新たな命を与えられている。

　4年前、私は、ロンドンの倉庫を改修して我が家とし、それをきっかけに、世界に広がるメディアブランドを立ちあげることになった。すでに工業用建築物に住んでいる人にとっても、その美しさに興味を持っている人にとっても、本書『ウェアハウス・ホーム』が新たな生き方や働き方を見いだすきっかけになってほしいと願っている。

ソフィー・ブッシュ

歴史情緒あふれるフィラデルフィアのフィッシュタウン界隈に建つ、かつてのピクルス工場。Bright Common architecture ➤➤ and designの手によって、芸術写真家とその家族の、住宅兼仕事場に生まれ変わった。建築当初からの梁のあるキッチン天井に取り付けられたモーターは古いエレベーターのもので、人目を引くデザインになっている。

ARCHITECTURAL FEATURES

工業用建築物に残された特徴

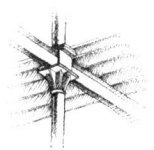

COLUMNS

柱

ここ数十年にわたり、工業用建築物に見られる重要な特徴といえば、遮るもののない開放的な間取りだろう。室内を壁で仕切らないことで照明効果を最大限に高め、多くの機械や作業員を収容できる。強度の高い柱が、広大な空間をしっかりと効率的に支えている。倉庫や工場の改修住宅に独特の趣を添えるのが、太い木の柱や、頑丈なスチール、鋳鉄、コンクリートでできた柱や列柱だ。柱のスケールの大きさは、圧倒的な天井の高さや工業用建築物の個性を強調する。建てられた年代やかつての用途によっては、材質そのものの長さや太さを活かしたシンプルな柱のこともある。一方、スケールが大きいだけでなく、驚くほど装飾的な柱もある。こうした柱のデザインは、明らかに古代ギリシアで確立された古典主義建築の円柱様式にならったものだ。商業用の空間を居住用へと再構成する際、建築家や住宅のオーナーにとって、建物に残された柱はひとつの制約であると感じるかもしれない。だがそれ以上に、既存の柱をうまく活用することで、特定の用途に使える居住スペースになるだろう。

◀◀ サンフランシスコのソーマ地区（サウス・オブ・マーケット）に建つこのロフトは、111㎡の広さを誇る。インテリアの改装を手がけたのは LINEOFFICE Architecture で、本来のベイマツの柱や天井を新たな素材で補強しつつ、全体の雰囲気をシンプルにまとめている。

1.

「サンフランシスコのオリエンタル・ウェアハウスは1867年に建てられ、
Pacific Mail Steamship Co.の重要な流通の拠点として、
アジアから紅茶や米やシルクを輸入していた。
建築当初からの木の柱には当時の傷跡が今も残されている」

ロバート・エドモンズ、Edmonds + Lee Architects

WOODEN

木の柱

20世紀より前に建てられた古い倉庫や工業用建築物に見られる木柱の多くは、下から上までが同じ太さの垂直材で、装飾はないか、あってもごくわずかだ。木材は金属より強度が劣るため、柱は狭い間隔で配置される。

1. サンフランシスコのランドマークのひとつ、オリエンタル・ウェアハウスのリノベーションを担当したのはEdmonds + Lee Architects。もともとの木の柱を際立たせるために壁面は滑らかに仕上げられている。

2. Alloy Architectureの手によって、ニューヨークのブリロ・ウェアハウスは8戸のロフトに生まれ変わった。天井の高さは4mで、そびえ立つ柱がロフトに個性を与えている。

3.

3. サンフランシスコにある旧物流
倉庫。1916年建築のこの建物は、
Garcia Tamjidi Architecture Design
の手でミニマルなロフトへと改修さ
れた。落ち着いたたたずまいの住居
兼ギャラリーといった印象だ。輝く
ような白と透明なガラスが、ベイマ
ツの柱や梁といった素材とのコント
ラストを演出。吹き抜けの天井と仕
切りのないオープンプランの間取り
がつくりだす広々とした空間を真っ
白な壁が際立たせている。ギャラリ
ー風のリビングから上階のプライベ
ートルームへと階段は続く。キッチ
ン上部には、ガラスの「見晴らし台」
が設置され、高い位置から作品を眺
めることもできる。家具や照明、室
内装飾はすべてモノトーンに統一さ
れ、ゴットフリート・ヘルンヴァイ
ンの巨大なモノクロの芸術写真が、
すぐそばの木柱と絶妙なバランスを
保っている。

CONCRETE

コンクリートの柱

コンクリートの支柱や柱は、インテリア空間にまさにインダストリアルな印象を添える。他の材質の柱に比べ、堅牢性にも優れている。質感の異なる家具や室内装飾を組み合わせるとコンクリートの素朴な印象が引き立つ。滑らかで光沢のあるコンクリートの柱は、インダストリアルで高級感のある生活空間を演出するポイントだ。

4. テキサス州サンアントニオの中心部に建つ、1920年代の工場を改修したもの。Poteet Architects は、当初からあるコンクリートの柱をバスルームのシャワーブースの一部として活用している。

5. 柱をはじめ、コンクリートの表面に真っ白な塗装を施すことで、ロフトが明るくモダンな雰囲気になった。収集家のオーナーには理想的な空間だ。仕上げ塗りのつややかな表面がインダストリアルな質感を引き出している。

6.

METAL

金属の柱

スチールやアルミニウムのIビーム（I形梁）からキャストアイアン建築に見られる鋳鉄の柱まで、古い工場や倉庫に残る金属の柱は改修住宅のインダストリアルな個性を強めてくれる。黒やグレーは仕上げ塗りによく使われる。

6. ケープタウンのウッドストック郊外に建つ旧工場。建物本来の特徴が細部にいたるまで残され、309㎡のロフトに生まれ変わった。古い金属の柱に囲まれたかつての納戸は、バスルーム兼化粧室となり、前面には天井まである書棚が配置されている。

7. オーナーが集めたカラフルな骨董品やヴィンテージ品がところ狭しと飾られたアパートメント。アイランドキッチンの側面に取りつけられた「ジョコティー」の目を引くオレンジ色の看板が、開放的なキッチンに彩りを添え、真っ黒な金属の柱のインパクトをやわらげている。

8.

9.

ORNATE

飾り柱

飾り気のないインダストリアルな素材と飾り柱の組み合わせは、インテリアに注目すべき個性を演出してくれる。柱身に沿って均等に深い縦溝が彫られた柱や、装飾のないシンプルな柱など、さまざまな飾り柱がある。柱頭は、コリント式のつる草を模した複雑な装飾やイオニア式の渦巻きのような模様となっている。

8. このアパートメントは、ニューヨークのノーホー地区にある歴史的な建物をロックミュージシャンが改修したものだ。現在は、ヘッジファンドのマネージャーと、ギャラリーの館長を務めるその恋人の住まいで、彼らの膨大なアートコレクションを飾る場にもなっている。鋳鉄の柱に白い上塗りを施し、モダンな雰囲気だ。

9. ニューヨークのロウアー・イースト・サイドの旧衣類品工場を改修した、186㎡の開放的なロフト。鋳鉄の柱とむきだしのレンガ壁が当時の面影を残している。

10.

10. ニューヨークのグリーン・ストリートに建つ279㎡のロフト。Slade Architecture は、2.4ｍという高さのある空間を個々の部屋へと見事にレイアウトした。縦長のアパートメントを機能的な家具が区切っているが、そのひとつが大きなアルミニウムの書棚。韓国のアンティーク品のトランクがすっぽりと収まり、リビングとダイニングキッチンに趣を添えている。

11. こうしたレイアウトによって鋳鉄の柱をそのまま残し、奥行きのある印象的な列柱に見せている。ダイニング中央で存在感を放つのは、カスタムメイドの一枚板のテーブル。古びた味のあるインダストリアルなフロアと真新しい調度品が絶妙なコントラストを醸しだしている。この建物の歴史を称えるべく、長らく姿を消していたブリキの天井が復元された。

「この場所は1883年に建てられたが、堂々たるたたずまいと、鋳鉄の柱や大きな窓といった過去のディテールがいまも健在であり、これらの特徴を活かせるようデザインした」

ジェームズ・スレイド、Slade Architecture

1.

SOARING
COLUMNS

そびえ立つ柱

テキスタイル工場

Kortrijk, Belgium
ベルギー、コルトレイク

のユニークな住宅があるのは、ベルギーのウェスト＝フランデレン州コルトレイク郊外の工場跡。GRAUX & BAEYENS Architecten が個人の依頼により、工場内の150㎡の空間を、夫婦と子どものための快適な一戸建て住宅へと生まれ変わらせた。内部にはレイアウトを邪魔するようにスチールの柱が2本そびえていたが、それらがむしろ空間を効果的に分割することになった。建築家は柱をデザインの中心に据え、主室となるリビングを取り囲むように、うねる壁と部屋を配置した。カーテンのように波打つ形状が、丸みのある古い柱と調和し、淡い柔らかな影というちょっとした効果を生みだしている。増築部分は、スチールの骨組みを石こうボードで覆い、表面を絶妙な色調の漆喰で塗り固めて滑らかな質感に仕上げた。白と淡い黄みがかった灰色という抑えた色合いで全体をまとめることで建物のインダストリアルな個性を残し、自然光の効果も最大限に活かしながらも穏やかな雰囲気を演出している。古いスチールの柱やアーチ状のレンガ天井に白いグラデーションのペイントを施し、構造にも統一感を持たせている。天井の高さを利用して、2つの階にわたって部屋を配し、段壁*のような造りとした。いくつかの壁に大きな窓枠をはめ込むことで、吹き抜けのリビングのさまざまな景色が楽しめる。このリビングは、もとからある柱によって、オープンキッチンやダイニング、その他のスペースに仕切られている。

＊段上に突出した、あるいはくぼんだ部分のある造り

2.

「光をどう扱うかが設計のポイントだった。
天井や柱からインスピレーションを得た、
うねるような壁が光をとらえ、影を生みだしている」

バジール・グロー、GRAUX & BAEYENS Architecten

1. 工場は赤レンガ造りで、堂々と並ぶ窓が象徴する直線的なデザインは、アール・デコ調の雰囲気を漂わせている。正面の4つの窓を通して、ロフト内部へと自然光がふんだんに降りそそぐ。

2. 独立した朝食用カウンターを別にして、キッチン設備や機器はすべて壁面に設置され、途切れることのない曲線を描いている。真っ白なキャビネットが、増築部分と柱や天井をうまく調和させている。

3. 2本の大きな柱がこのロフトの圧倒的な天井の高さを強調している。この高さによって、さらに93㎡もの空間の追加を可能にした。2階に配置されたベッドルームが、この住宅全体にドラマチックな印象を与えている。

4. 白くペイントされたアーチ状のレンガ天井と滑らかな漆喰壁との質感の変化も楽しい。天井の形状は、古いスチールの柱と、大胆に増築された2階部分の柔らかな曲線をさらに調和させている。

BEAMS

梁

ヴィクトリア様式の倉庫の最も愛すべき特徴といえば、むきだしの木の梁だろう。倉庫として使用されていた時代には、この骨組みの木材が荷下ろしの滑車を支えていた。1790年代になると、多層式の工場や製造所では鋳鉄の梁や柱が使われるようになる。鉄材は木材に比べ、大型の機械を支えるのに必要な耐荷重性に優れているだけでなく、安価で耐火性もあった。現代の建築家は、木の梁をむきだしのまま残すことで、インダストリアルな個性を強調し、建物の歴史への敬意を表現する。木材には、建物が工業用に使われていた当時の痕跡や傷、摩耗の跡や亀裂が残っていることもある。太い梁が渡された天井には歴史的な趣があるが、天井が低い場合はとくに生活空間が少し暗くなってしまう。それでも、建築家や家主の多くは梁にペイントなどをせず、あるがままの味わいを受け入れている。一方、木材に水漆喰を塗る、あるいは黒く染めることで、モダンで素朴な雰囲気を演出できる。シングルビーム（一本梁）の天井も倉庫を改修した住宅にはよく見られるが、やはり印象的な空間や景観をつくりだしてくれる。

◀◀ ODA New York が改修を手がけたロウアー・マンハッタンのペントハウス。もとからあった梁にインスピレーションを得て、3階まで続くインダストリアル・スタイルの階段がデザインされた。木の手すりが梁と趣を合わせ、錬鉄の欄干が梁を支える金属と絶妙に調和している。

1.

1. ニューヨークにある279㎡の台形ロフト。びっしりと並んだむきだしの木の梁が視覚効果を生み、リビングを立体感あふれる空間にしている。全体に統一感を持たせているのは、廃材でつくられた木のカウンターと、あたたかみのあるフローリングの床だ。

2. オープンキッチンの頭上を飾る、黒いスチールの天蓋。制作したのは、Jane Kim Design。大胆で目を引く天蓋は、重厚なIビームから着想を得たものだ。

EXPOSED　　　　　　　　むきだしの梁

背面があらわになった梁の天井は、むきだしの漆喰壁やコンクリート壁、レンガ壁と組み合わせ、鋳鉄や木の柱で補強することで、内部のインダストリアルな名残や、建物そのものが持つ存在感を引き立たせる。建築家やオーナーたちが残そうとするのもうなずける。倉庫の窓やレンガ造りの壁が梁のインパクトを強め、昔のままの姿をのぞかせる木のフロアや廃材を再生した家具が、年月を経た梁の味わいをさらに印象づける。

3.

4.

3. 1863年頃、ロンドンのショーディッチに多くの倉庫が建てられた。当時はPatey & Co. Perfumersの商品保管用や出荷用の倉庫として使われていた。2013年、Studio Kysonにより、長屋倉庫のひと棟が4階建ての家族用住居へと改修された。熟練の職人技と歴史を伝える木の梁が、装飾を徹底的に省いたインテリアによって引き立てられている。キッチンに吊るされたローハンギング・ライトが、黒いカウンターから頭上の梁へと視線を集める。

4. ロンドンのニュー・コンコーディア・ワーフに建つアパートメント。改修に際して、Inside Out Architectureがまず決めたことは、木の小梁*をそのまま残すということだった。その結果、個性的な天井となった。小梁には手を加えずに済むよう、照明は漆喰ボードの仕切り壁に取り付けた。白い壁が木やレンガの質感を際立たせている。このコンパクトなベッドルームは、できるだけ装飾を控え目にして建物の歴史を前面に押し出している。

*屋根や床の荷重を支えるための梁

5.

「このロフトは小さいながらも
広々とした印象を受ける。
室内の壁を濃いブルーに、
奥の壁と天井を白くすることで、
窓に視線が集まるとともに、
建築当初からの梁の存在感を
際立たせている」

シーナ・マーフィー、SHEEP + STONE

5. ニューヨークのダンボ地区にある倉庫を改修したコンパクトなアパートメント。リビングの天井の両端に2本の重厚な小梁が走っている。その先の窓には街のシンボル、ブルックリン・ブリッジの素晴らしい眺望が広がっている。インテリアデザインを手がけたSHEEP + STONEは、2面の壁を彩る色として、ベンジャミンムーアペイントの「ニューバーグ・グリーン」をセレクト。ブルックリン・ブリッジのメタリックな外観と、イースト・リバーを流れる水からインスピレーションを得たという。

6.

7.

6. オレゴン州ポートランドの倉庫を改修した住宅。「知的で楽しい空間を」というオーナーの要望に応え、Jessica Helgerson Interior Design は、木の梁に濃いグレーのペイントを施し、視覚的なおもしろさを演出している。

7. バルセロナの旧テキスタイル工場。まっ白な梁と壁が空間に広がりを持たせている。

8. ロンドンにある倉庫改修住宅のベッドルーム。梁の並ぶ白い天井が静寂な雰囲気をつくりだしている。

BLACK & WHITE モノクローム

木の梁をそのまま残すことで居心地のよいプライベートな印象の部屋になる。濃いグレーや黒のペイントはその効果をいっそう高める。とくに中間色の壁によく映える。一方、梁を真っ白に塗ると視覚的な高さが生まれ、自然光の効果と相まって空間がより大きく感じられる。工場や倉庫の改修において、インダストリアルな印象を和らげる手軽な方法だといえる。現代的でミニマルな雰囲気を好むオーナーにとっても、モノクロームは理想的なカラーリングだろう。

8.

I-BEAMS　　　Iビーム

堅牢なIビームは広大な空間を支え、相当な負荷にも耐えられる。そのため、倉庫などの工業用建築物を改修した住宅では頻繁に使用されている。現代的な改修の手法としてIビームを白や明るい色にペイントすることもあるが、もともとの黒ずんだスチールの色合いを残したほうがインダストリアルな雰囲気をはっきりと打ち出すことができるだろう。

9. ロンドンに放置されていたヴィクトリア様式の倉庫がChris Dyson Architectsによって魅力的なロフトに改修された。220㎡という広々とした平屋のロフトアパートメントの中央には、草木の生い茂る壁に挟まれた中庭をレイアウト。開放的なリビングからは中庭とオープンキッチンを見渡すことができ、その景観を堂々たるIビームが縁取っている。Iビームは、キッチンに残されているレンガ壁とつややかなコンクリートのフロアに統一感をももたらす。

1.

REPURPOSED
PALLETS

パレットに新たな命を吹き込む

ビスケット工場

Florence, Italy
イタリア、フィレンツェ

この個性際立つロフトアパートメントは、イタリアの歴史都市フィレンツェの片隅にある。19世紀にビスケット工場として使用されていた建物の屋根裏全体に当たる。地元の建築事務所Q-BICは、309㎡のリビングのデザインに、木のパレット（荷台）を再利用するという斬新な手法を用い、「パレット・ロフト」という愛称で知られるようになった。この建物のオーナーは、ユニークな多機能空間をゲストルームとして使用しているが、特別な機会にはここでプライベートなパーティやイベントなどを開くこともある。パレットはソファの土台やバスルームの家具、キッチン台など、ロフトのあちこちで用いられ、便利な収納スペースとしても活躍。パレットを再利用したユニット家具は可動性に富み、

レイアウトを簡単に変えられる。室内を仕切るパーティションは、異なる色調のグレーでペイントされ、オープンプラン*の開放感を保ちながらも、空間を用途に応じて区切ってみせることができる。アーチ状の梁天井が開放的なフロアと調和し、教会のような雰囲気を醸し出している。屋根裏の両端は、ベッドルームとして、あるいは夜間にくつろぐのにぴったりな環境。カスタムメイドの金属製スライディングウォール（可動間仕切り）で仕切れば、リビングとは独立した空間となる。ミニマルで軽快なインテリアが、「パレット・ロフト」のほどよいインダストリアル感とマッチしている。チャールズ＆レイ・イームズやル・コルビュジエが手がけたデザイン史を代表する家具などが建物の歴史情緒にモダンなひねりをきかせている。 （www.q-bic.it）

*仕切りのない間取り

1. むきだしの漆喰壁と木の梁が、青白いコンクリートのフロアと相まって清浄な雰囲気を漂わせる。インダストリアルな個性を放つパレット家具もよくなじむ。

2. 大理石の天板が美しいEero Saarinenのペデスタル（一本脚）テーブルの頭上を飾るのは、Louis Poulsenのペンダントライト。アルコーブ内に配置されたダイニングルームに親しみやすさを添えている。

3. 再利用した木のパレットを高く積み上げ、ふたつ並んだ洗面台の土台にしている。パレットの隙間は収納スペースにもなる。

4. 洗面台同様、パレットを積み重ね、気の利いたアイランドキッチンに。キャスター台にのせているので、生活スタイルに合わせて移動するのも簡単だ。高い梁天井が古い教会を思わせる。

「屋根裏から余分なものを取り除くと、柔らかな表情の漆喰壁と、明るい色の梁や小梁が姿を現し、工業用建築物だった当時の特徴がはっきりとわかる。新たに設置した天窓と開放的なレイアウトが、この歴史あるロフトを明るく軽やかに見せてくれる」
ルカ＆マルコ・バルディーニ、Q-BIC

5. 屋根裏アパートメントの側壁に沿って幅の広い側廊のような通路が延び、いくつものアルコーブに通じている。アルコーブの奥は、生活空間としてさまざまに活用できる。ミニマルをテーマに、壁には選びぬかれた必要最小限のアートが飾られている。写真にあるとおり、青い色調の合成写真が、中間色でまとめた空間のなかでひときわ目を引く。ブロック風の木のサイドテーブルやスタッキングシェルフが、このアパートメントの控えめな形状や構造を象徴している。

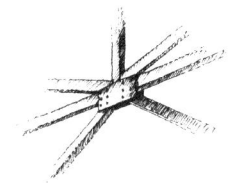

TRUSSES

トラス

「トラス」という用語は、古フランス語で「さまざまなものをひとつにまとめる」という意味のtrousserという言葉に由来する。建築や工学の分野においては、構造は実際の目的に応じて決まる。スチール材であれ木材であれ、梁や小梁や桁を組み合わせたものが床や屋根を支える骨組みとなる。トラスは通常、建物の剛性を高め、荷重を均等に分散できるように三角形あるいはその組み合わせで構成される。トラス構造は大きな建物に適しているため、機械の設置や商品の保管に広大なフロアを必要とする工業用建築物に用いられることが多い。単一面からなる平面トラスは、工場や倉庫にもっともよく見られる構造で、いくつかを平行に設置して屋根を支えることもある。頭上高く組まれた、木材やスチール材でつくられた格子は、見た目に美しいだけでなく実用性も十分。トラスは工業用建築物の最も際立った特徴といえ、改修住宅に独特の個性を与えるとともに高さや広さも演出してくれる。

◀◀　ボーラムヒル・ハウスはブルックリン中心部に建つ、この地域を代表する建築物。かつては倉庫として、のちには教会としても使用された。現在は、Delson or Sherman Architects PC によって住宅に改修されている。がっしりとした木のトラスが歴史ある建物を支えるとともに、かつてのインダストリアルな面影を今に伝えている。

1. サンフランシスコのハイド・ストリート・ガレージにある、デベロッパーのジョン・パーカー・ウィリスの自宅。改修を手がけたのは、建築家のエリカ・セヴァンズ。

2. & 3. かつての工業用建築物を支えるのは、大胆に傾斜した迫力あるスチール製Ｉビーム。むきだしのコンクリートの壁を横切り、重厚な天井と交差している。

FLOOR-TO-CEILING

フロアから天井へ

工業用建築物を改修した住宅では、かつてその建物がどんな用途に使われていたかに応じて、トラスがフロアから天井に向けて固定されていることがある。室内を仕切りたい場合はとくに、材質がスチールであれ木であれ、トラスの大きさや位置が建築家やオーナーの悩みの種となる。建物を支える頑丈なトラスが窓や居住空間を分断することもある。とはいえ、創意工夫によって問題は克服できるだろう。堂々としたトラスは、現代的なロフトの魅力的な個性として活用できるはずだ。

4.

「クライアントの希望ははっきりしていた。
この建物の歴史を前面に打ち出し、敬意を示すこと。
コンクリートの壁や雄大なスチール製トラスを
そのまま残し、本来のインダストリアルな風格に、
洗練された現代風のディテールを加えること」

エリカ・セヴァンズ、建築家

4. ウィリスは、ハイド・ストリート・ガレージ（サンフランシスコ）
の改修プロジェクトの責任者だった。古い工業用建築物を7つのロフト
住宅に分割するというもので、そのうちの1つを自身で手に入れること
にしたのだ。ウィリスは、この257㎡のアパートメントにホワイトオー
クのフローリングとカッラーラ＊の大理石を使うことと明るい色調でま
とめることという注文をつけた。ベッドルームでは、淡いパステル調の
控えめな装飾が、室内を大胆に横切る太いスチール製トラスを際立たせ、
背後の広々とした工場の窓に視線を集める。ベッドカバーやラグに取り
入れた縞のデザインが、白い梁天井とさりげなく調和している。
＊イタリアの都市で、大理石の生産地として知られる

ROOF 屋根

平行にトラスが並ぶシンプルな構造の
物置小屋風建物。フロアを最大限有効
活用し、機械の設置に必要な高さが確
保できることから、大きな平屋造りの
工業用建築物によく見られるスタイル
だ。こうした構造を持つ改修住宅は圧
巻のひとこと。

5. コート・ダジュールの風光明媚な
ヴィルフランシュ゠シュル゠メールに
建つ、1910年建造の元浄水場。511㎡
の屋内にスチール製のトラスが張りめ
ぐらされている。

6. オーナーはモナコ公国大公アルベ
ール2世のパイロットを務めるフィリ
ップ・トンドゥール。インテリアデザ
イナーのベルナデット・ジャックが協
力し、15年かけて改修を完成させた。

6.

7. ロンドンのショーディッチに
ある古い倉庫の最上階を写真家の
住居として改修。オープンプラン
のレイアウトが広さを感じさせる
とともに、木材に覆われた屋根と
トラスの印象を強めている。

8. アーチ状の天井とスチール製
のトラスが、奥行きのあるペント
ハウスのリビングに広がっている。
ロンドンのハマースミスに建つタ
リスマン・ビルディングの最上階
を、4つのベッドルームを備えた
ペントハウスに改修したもの。
Gumuchidjian Architects の繊細な
仕上げが見てとれる。

9. & 10. ロンドン、バーモンドジーの古い倉庫を改修することで、全長約15.24mの大空間が生まれた。装飾を最小限に抑え、建物のインダストリアルな構造を際立たせている。白くペイントされたトラスの下には、特注のライトブルーのキッチン台と食器収納棚がぴったりと収まり、広々としたロフトのほぼ一面を占めている。ベッドルームは2つのトラスの間に挟まれた中2階に位置し、光を取り込みながらもプライバシーが保てるように周囲を半透明のパネルが覆う。

11.

WOODEN 木製トラス

木製トラスは、19世紀より前、構造用スチールが普及する前に建てられた、比較的小さい工業用建築物によく用いられる。温かみのある木の色合いや質感が、改修住宅に独特の味わいを添えている。トラスに合わせて、フロアを木材で仕上げることも多い。

11. フランスにある倉庫。複雑に組み合わさった木材が、開放的なテラスに続くドアを縁取っている。

12. ブルックリンのこの旧倉庫は、かつて教会だった。Delson or Sherman Architects PC は、石造りの外壁を建て直し、その補強に、建物の過去を思い起こさせるような木製トラスを設置。長さ6mのモミの木のテーブルにも目を奪われる。

13.

SPACES IN-BETWEEN 空間の活用

抜けるように高い天井は、工業用建築物を改修した住宅の特徴のひとつ。その高さを活用すれば斬新な現代風のアレンジもできる。収納スペースを確保するために、トラスの下方や周辺に、中2階、あるいは通常の建築では使用しないような素材でつくられた「ポッド」を設置することもある。歴史ある建物にモダンなアレンジを組み合わせることで、個性的なインテリアデザインが生まれる。

13. 1900年代に建てられたシドニーの旧食品工場。建築事務所 Allen Jack + Cottier は、室内の中央に、クルーザーの建造に使われる技術を取り入れた、レジンコーティングのポッドを配置した。

14. & 15. 真っ白な彫刻のようなポッドの中には別世界が広がる。繭にインスピレーションを得たベッドルームを、フットライトの柔らかな光が照らす。明るいバスルームは、天窓に向かって立つさかさまのじょうごのような形状になっている。

「私は妻とともに、ひとつ屋根の下に家と仕事場、さらに愛する人たちと共有できるスペースを持つという
長年の夢をかなえるために、Paper Mill Studiosを建てた。
このプロジェクトを通じて、私たちの熱い思いは暮らしや仕事に最適な空間へと結実したのだ」

サム・ロビンソン、ホームオーナー

17.

16. このロフト・スタジオは、写真家のサム・ロビンソンとその妻でスタイリストのサラの長年の夢から生まれた。Gresford Architectsと Stack London Ltd とが共同で、ロンドンのオールド・ストリート・ラウンドアバウト近くの旧製紙工場を生まれ変わらせたのだ。もとのまま残された骨組みの中に、考え抜かれたインテリアが収まり、古いものと再生されたものが巧みに組み合わされている。

17. ヴィンテージ感漂うキッチンの真上には、落ち着いた雰囲気のベッドルームが木製トラスに囲まれるようにひっそりと収まる。サムとサラが求めていた、生活の場と仕事場を行き来できるレイアウトだ。工場の残りの部分は、写真スタジオと、クリエイターのためのコワーキングスペースになっている。スタイリッシュなコンバージョン住宅全体に、ぬくもりと刺激にあふれた雰囲気が広がっている。

1.

2.

水工場

Melbourne, Australia
オーストラリア、メルボルン

　ルボルン郊外のフィッツロイ・ノースに位置するこの倉庫は、19世紀後半の建築で、2014年に Andrew Simpson Architects が改装と改修を手がけた。長い年月の間に、さまざまな変遷を遂げてきた建物で、かつては炭酸水工場やジャム工場、近年ではエンジニアリングのコンサルタント会社や広告会社がテナントとして入っていた。現在は、夫婦と成人した娘の住まいとなっている。水工場の面影が建物の輪郭に見てとれる。この建物は重要建造物に登録されているため、外観に大がかりな改築を行うことはできない。そのため、住宅へ改修するにあたり、建築家の仕事は建物内部の改装が中心となった。強いこだわりを持つオーナーのために、クリエイティブな発想が求められた。家族の生活スタイルの変化に対応できるよう、空間に最大限の柔軟性を持たせる必要があったのだ。そこで、この広大な建物の中に夫婦用と娘用のふたつの住居を横並びに配置し、スチールのドアを通じて行き来できるようにする、というデザインを思いつく。それによって生活に合わせた再レイアウトが可能になった。居住スペースの大部分が最上階に配置されており、1階は目的に応じて活用できる。建築家が採用したのは、現代的で鮮烈なモノクロ調のデザインだったが、むきだしのレンガ壁や、深い色合いにくすんだトラスといった倉庫本来の特徴がそこかしこに顔をのぞかせている。歴史あるインダストリアルな雰囲気と、現代風のミニマルな装いとの組み合わせが、この個性際立つ住宅を生みだしたといえるだろう。

（www.asimpson.com.au）

1. この改修住宅のオーナーは自動車に夢中で、ヴィンテージのフォード・マスタングをコレクションしている。なかでも1967年式の真っ赤なコンバーチブルはいちばんのお気に入りで、6台の車が並ぶ屋内ガレージの中央に飾られ、1970年代のレトロなペンダントランプに照らされている。

2. 装飾的なレンガ壁は、フィッツロイ・ノース界隈のヴィクトリア様式の工場によく見られる特徴だ。この歴史ある改修住宅の内部には、ふたつの居住スペースが隣り合うように配置され、1階にそれぞれエントランスを構え、家族や来客たちが使い分けられるようになっている。

3. 明るいエントランスホールが、由緒ある建物にふさわしいモノクロ調の上品な空間をつくりだしている。石灰塗料で上塗りされた堅い材木のフロアと白い壁が柱の存在を際立たせ、昔のままの梁に視線を集める。新たに設置された美しい階段と、深い色合いの梁やドアとのコントラストにも目を奪われる。

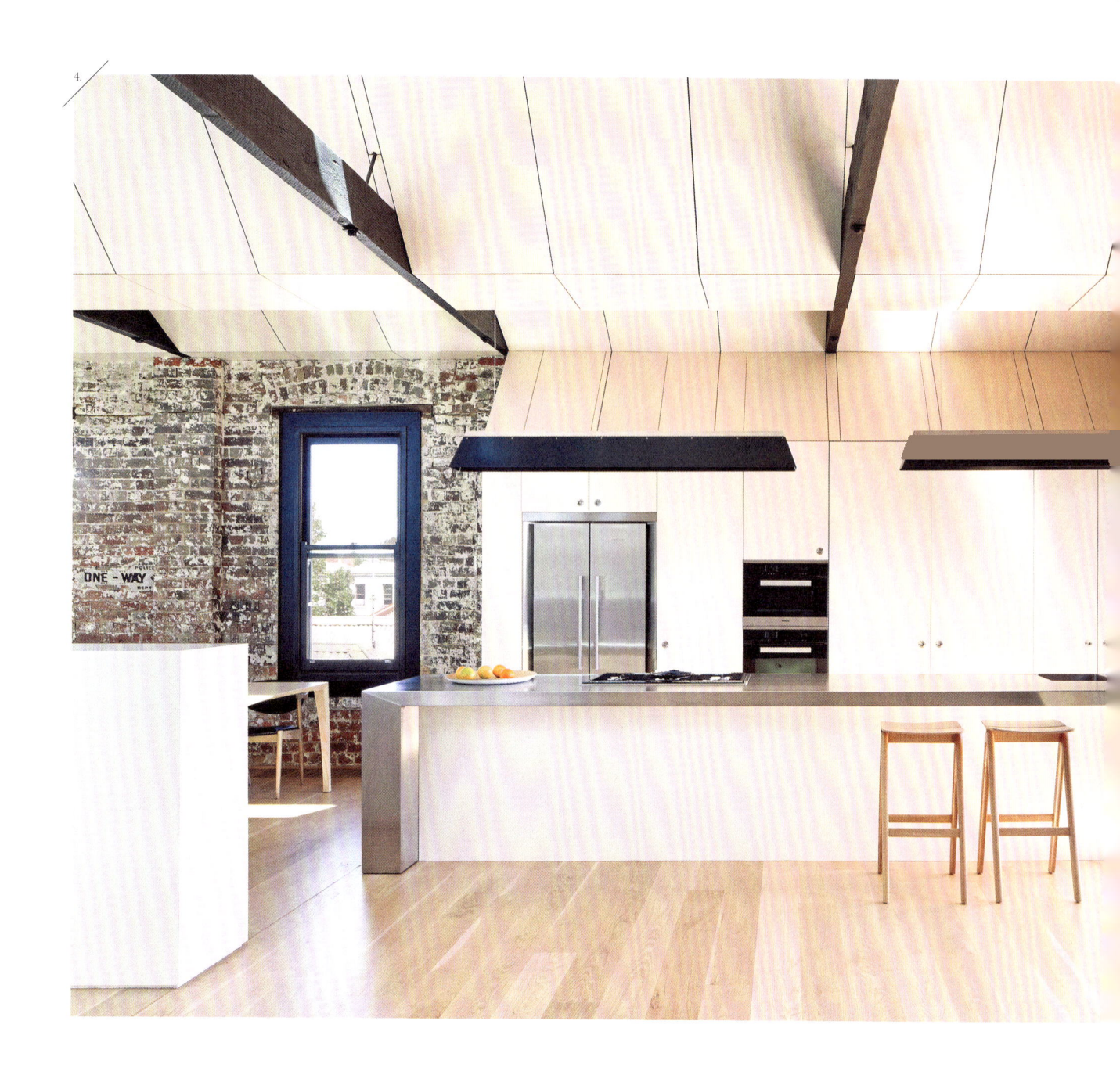

「波打つようにはめ込まれた天井パネルが、建物の横断面に変化を与えながらも、
配線や機械類の目隠しになっている。また、ひとつの家の中に
複数の居住スペースを設けるというアイデアを控えめに主張するものでもある」

アンドリュー・シンプソン、建築家

4. 1階は夫婦のための空間で、余計な装飾を省いたキッチンは見事のひとこと。キッチンはむきだしのレンガ壁を背に、ユニット風の天井に向かって違和感なくなじんでいる。天井にそのまま残した黒い木のトラスと交差するように、合板のパネルが波状にはめ込まれている。黒い横長のフードに覆われた照明がトラスと調和する。亜鉛の天板のアイランドキッチンは、インダストリアルな雰囲気を引きしめるとともに、見る人の目を自然とガラスのスライドドアやその先のデッキへと向かわせる。

5. 使用されなくなった機械が1980年代からそのまま放置されて荒れ放題だった1階の建て増し部分を取り壊し、新たにアウトドアスペースがつくられた。アイランドキッチンは可動式で、夏には屋外で食事が楽しめるだけでなく、内と外とが一体化して見えるのもいい。屋上テラスからは、フィッツロイ・ノース郊外やメルボルンの高層ビル群などの広々とした景色が望める。一年を通して明るい日差しが降りそそぐ。

6.

「ベッドルームに設置されたスライド式の
パネルはとくに気に入っている。
実用的であるだけでなく、
ドラマチックな感覚も呼び起こしてくれる。
朝、パネルを開くと、
私たちが住み家としたこの倉庫の
すばらしい眺めが目に飛び込んでくる」

ホームオーナー

7.

6. 広い空間にたっぷりの光と空気を引き込むために、北側と南側の屋根の勾配に可動式の天窓を設置。階段スペースを絶妙に配置し、自然光が1階まで届くようになっている。「家の中の家」というコンセプトをさらに追求し、バスルームもスタイリッシュに仕上げている。傾斜のついた天井や正面のドアが、どこか「家」を思わせる遊び心あふれるデザイン。

7. バスルームの傾斜天井の半分はすりガラスで覆われ、ライトに照らされた真っ白なインテリアとの一体感を演出するとともに、ロフトの他の部分やトラスへと空間を視覚的につないでいる。

8. ベッドルーム、バスルーム、ランドリーの3つの空間をインダストリアルなスライド式パネルが区切る。キャスター付きのパネルは可動式。メインベッドルームのパネルを開くと、建物内が見渡せるバルコニーに早変わりする。

8.

1.

MODERN RUSTIC

モダンで素朴

養蚕工場

Spello, Italy
イタリア、スペッロ

ーマから145kmほど北に離れたウンブリア州の田舎に、モダンで素朴な住宅が建っている。もとは養蚕工場、その後タバコの乾燥施設となっていた、築200年以上の歴史建物だ。半世紀もの間放置され、1997年の地震では大きな被害を受けた。2008年、ホテル経営者のアンドレア・フォークナーとその夫で出版業者のフェリシアーノ・カンピに見いだされたときには、倒壊はまぬがれていたものの、早急にリノベーションする必要があった。カンピ家は1世紀以上にわたり有名な暦『バルバネラ暦』を出版しており、カントリーライフを扱う出版物だけに、この工場の立地は理想的だと考えた。そこで、1階と2階をオフィスに改修し、最上階はオープンプランのリビングとキッチン、ベッドルームのあ

る開放的なロフトにすると決めた。フォークナーは数々の農家や賃貸物件の装飾を多く手がけ、十分なデザインの実績があったものの、床面積492㎡、高さ9mのアーチ天井を持つ工業用建築物となると専門スキルが求められた。建築家のパオラ・ナヴォーネが協力し、工場の歴史的特徴を守りながら魅力的で実用的な住宅をつくりあげた。外壁を走っていたスチールの配管用継ぎ環は、住居を囲む回廊の支材として再利用された。新たに壁を設置し、リビングとベッドルームを仕切った。52面の窓が室内を光で満たし、白でまとめたインテリアが暗い色調のフロアに映え、空間を広く見せる。ナヴォーネのデザインした装飾とヴィンテージの家具がマッチ。オーナーが選び抜いた家具が建物の質感やスケール、本来のパーツを引き立てている。　　　（www.paolanavone.it）

1. 中2階にはレザーのアームチェアが置かれ、読書やくつろぎの場所になっている。天井へと伸びる暖炉はインダストリアルなインテリアと同調しつつも洞窟のような空間に安らぎを与える。

2. リビングの中央で存在感を放つのは、パオラ・ナヴォーネがオランダのインテリアブランドLINTELOOの依頼でデザインした、大きなホワイトリネンのソファ。業務用の台車はコーヒーテーブルになっている。

3. オープンプランのリビングの主役は、9mもの長さを誇るダイニングテーブル。樹齢数千年といわれるカウリマツの木材でつくられている。モノトーンの六角形のタイルがキッチンの木のフローリングとマッチし、ここがダイニングスペースだということを主張している。テーブルの上に吊られたランタン風の照明が目を楽しませてくれる。

「最初に考えたのは、この建物が残してくれたものを守りながら快適に暮らすには
どうすればいいかということだった。そこで、自然光の取り入れ方を研究し、
家具や装飾を慎重に選び、家庭的な雰囲気を演出した」

パオラ・ナヴォーネ、建築家

4. キッチンは、この建物で唯一、四方を壁で囲まれている空間だ。メタルフレームで縁取られた窓が開放的な雰囲気を壊すことなく、調理中のにおいがリビングへと流れ込むのを防いでいる。

5. 床まで届くホワイトリネンのカーテンが、1階を取り囲む通路を柔らかに仕切っている。通路を飾るのは、ナヴォーネがタイルブランドのCarocimのためにデザインした幾何学模様のモノクロタイル。

7.

8.

「パオラ・ナヴォーネは通常、
個人宅の仕事は引き受けない。だが、この工場を
見に来てほしいと説得したところ、
幸運にも、ひと目見て協力したいと言ってくれた。
そして、私たちの希望を完璧にかなえてくれた」

アンドレア・フォークナー、ホームオーナー

6. ベッドを囲む鉄のフレームにはイ
ンド綿のカーテンがかけられ、印象的
でプライベートな空間をつくりだして
いる。ミニマルな雰囲気を邪魔しない
よう、衣類は吹き抜けのキャビネット
のカーテンの向こうに収納されている。

7. バスルームのシンク台は、廃材の
厚板を再利用したもの。インダストリ
アル感あふれる裸電球が、モロッカン
タイルを照らしている。

8. バスタブメーカーの The Water
Monopoly がデザインした背の高い舟
形のバスタブが、バスルームにヴィン
テージ感を添える。バスタブからウン
ブリアの美しい田園風景が見渡せる。

BRICKWORK

レンガ壁

倉庫や工場を改修した住宅では、赤や茶色のレンガを目にすることが多い。レンガは建物の歴史を物語り、内装にインダストリアル色をはっきりと打ちだせる。建物の基礎構造をむきだしにしたレンガ壁には、見るものの心をゆさぶる力がある。ロンドンの街並みの象徴ともいえる赤レンガから、ニューヨークに特徴的なブラウンストーン*まで、さまざまなレンガ材が建物に彩りや個性を与える。レンガ壁の都会的な美しさはいまや高い人気を誇り、現代のホームオーナーには、リアルなレンガ風パネルや壁紙を使って本物のレンガの雰囲気を再現しようとする人も多い。レンガの反復模様や立体感は、対照的な素材によって一層引き立つ。目地をふさいだだけの素のレンガも、鮮やかな色彩をプラスすれば華やかに見せることができるし、コンクリートや木、金属と組み合わせれば、はっとするようなコントラストも表現できる。素朴さを演出したいなら、水漆喰を塗ってもいいし、真っ白にペイントすれば、現代風の装いになる。レンガ独特の質感や表情、均一な形が生みだす心地よさはそのままに、自然光の効果を最大限に引き出し、空間をより広く見せることができる。

＊建築材料として使われる赤褐色の砂岩

◄◄ デュッセルドルフに戦前から残る、数少ない工業用建築物のひとつ。建築家ブルーノ・アーピカムの手で、現代的な住宅へと生まれ変わった。開放的な印象のガラス壁やミニマルなインテリアは、建築時のままの赤いレンガ壁によく映え、自然光が部屋のすみずみまで照らす。

1.

2.

RAW

素のレンガ壁

レンガ壁をむきだしのままにしておくのは、そう簡単なことではない。塗料を落として本来のレンガ面を露わにするには、専門の方法で高圧洗浄しなければならない。そのうえで倒壊を防ぐために目地をふさぐ必要もある。だがきちんと手順をふめば、素のレンガ壁は建物のかつての面影を強く印象づける、インテリアの要となることは間違いない。年月を経たレンガの質感は、ヴィンテージの調度品や装飾、最新の設備や照明器具の背景としても、際立つ個性を発揮してくれるだろう。

1. アートフォトグラファーのアルネ・スヴェンソンと、そのパートナーでインテリアデザイナーのチャールズ・ビュルカルテの住宅。ニューヨークのトライベッカに建つ、かつてのキャビア工場を改修した。むきだしのレンガ壁に映える、ヴィンテージの装飾品や奇抜なオブジェ、剥製といった選び抜かれた品々が並んでいる。

2. ニューヨークのブルックリンにある、Tumblr の創業者デイヴィッド・カープのロフト。Niels Bendtsen for Bensen の現代的なデザインのソファと、Poul Kjaerholm の2脚のレザーチェアの背景を飾るのは、むきだしのレンガ壁。リビングは、オークの再生材を使って一段高くしてある。このインダストリアルな空間に洗練された雰囲気をもたらすのが、Jason Miller for Roll & Hill のシーリングライトだ。

3. デュッセルドルフの中心に建つ旧工場。第二次世界大戦中の爆撃を奇跡的にまぬがれた建物は、現在は現代的な住宅になっている。建築家ブルーノ・アーピカムは、レンガ壁の持つドラマ性を最大限に活かすため、装飾を徹底的に省いた。キッチンは外壁側の回廊部分にレイアウト。つややかなキャビネットが光を反射し、レンガとのコントラストをなしている。

4. デザイン会社Flow Worksの代表を務めるマリウス・ハバーカンプの自宅。アムステルダムの人気エリア、ヨルダーン地区の旧倉庫を利用した。建造当時の姿をとどめるむきだしのレンガ壁が、キッチンを飾る印象的な背景となっている。再生材でつくられたキャビネットやコンクリートの作業台、2台の黒いレンジフードなどが、インダストリアルな美しさを強調している。

BRICKS WITH PLASTER

レンガと漆喰

レンガそのものを露出させるためには、塗られた年代やペイント加工の有無にかかわらず漆喰を取り除く必要があるが、部分的に残すという手もある。淡い色の化粧漆喰は、少し残すと赤や茶色のレンガ壁の差し色になり、質感や色調の違いが空間に独特の変化を与えてくれる。

5. & 6. アラバマ州オーバーンの中心地にある、キャビネットの販売店兼倉庫として使われていた建物。建築家デイヴィッド・ヒルが自宅として改修した。1920年築の赤レンガの建物に、家族が増えても対応できるよう手を加えつつ、リノベーションは最小限にとどめた。漆喰に残るさまざまな色の塗料の層が風格を漂わせ、King's Kongo Klub という名のクラブだった時代の輝きも感じさせてくれる。キッチンの壁を飾るカフェの看板は、地元で見つけた掘り出し物だ。

6.

BRICKS WITH TILES

レンガとタイル

手入れが簡単で埃のあまり立たないタイルは、レンガより実用的な素材だ。崩落や倒壊のおそれがある壁を保護したいときにも大いに役立つ。漆喰で塗り固めなくても、部分的にタイルを張れば、本来の風合いを残しつつ古い壁を保護することができる。サブウェイタイル*はレンガの形を模したタイル。なめらかで光沢のある表面を活かし、ざらっとしたダークカラーのレンガと組み合わせると、外観や質感の違いが際立つ。

*ニューヨークの地下鉄で使われ始めた、長方形で光沢のあるタイル

7. イラストレーター、サラ・バリマンがストックホルムに所有するロフト。真っ白なサブウェイタイルが、茶色のレンガ壁やアーチ天井の印象をやわらげている。

8. 壁の下部分を覆うタイルが、かつての機械工場に家庭的な雰囲気を添える。モノクロのアート作品を並べても違和感なくなじむ。

9. オープンプランの住居兼仕事場。凹凸のある質感の、樽形のカーブが連なるレンガ天井とレンガ壁が、アトリエ内でひときわ個性を放つ。白いタイルや亜鉛メッキのパイピング、打ちっぱなしのコンクリートフロアが統一感をもたらしている。連双窓*や搬入口として使われていたドアから自然光がたっぷりと差し込み、夜には電球の明かりが室内を照らす。架台式の作業机がインダストリアルな空間にマッチし、バリマンが蚤の市で手に入れた品々が、ヴィンテージの魅力をプラスしている。

＊ふたつを横に並べてつくった窓

10.

WHITE

白いレンガ

レンガ壁を保護したいときや、見た目の雰囲気を変えたいときに手軽に試せる方法といえば、ペイントだ。塗料を使えば漆喰で塗り固める必要はなくなるが、レンガの素材感と色を考慮すると、使える塗料は自然と限られてくる。また、ひび割れや摩耗がはげしいレンガ壁の場合、塗料を塗ることは、必ずしも最善の方法ではない。だが、ペイントが可能な場合、その効果はとても高い。とくに人気があるのは白のグラデーションだ。自然光の明るさを最大限に活かすことができ、空間を広く見せるとともに、清潔感あふれる現代的な空間をつくりだしてくれる。

10. & 11. ニューヨークのトライベッカにある、American Expressの倉庫として使われていた建物。その一画を279㎡のロフトへと改修した際、Schappacher White Architecture D.P.C.は、白いレンガ壁と合わせ、またインダストリアルな柱を引き立たせるために、化学処理したスチールの大型パネルを組み合わせた。ダークな色合いの照明器具を配置するなど、それぞれの素材の持つ質感の違いが空間に変化をもたらしている。

12.

「レンガにペイントをすることで、
こぢんまりとした1階の
ベッドルームに個性が生まれた。
通りに面した壁には半透明の
ガラスパネルをはめ込み、
プライバシーを保ちつつ、
狭く薄暗い印象になりがちな
空間に光を取り入れている」

ギデオン・パーサー、
Chris Dyson Architects

12. ロンドンのショーディッチにある倉庫を改修した一室。レンガ壁にペイントを施し、つくりつけの窓から差し込む自然光を活かして、縦長で幅の狭いベッドルームに広さを演出。白いレンガ壁は、この部屋の持つインダストリアルな個性も引き立てている。ティモシー・オウルトンがデザインしたしゃれたベッドは、グラマン製F-14戦闘機にインスピレーションを得たもの。アルミ板とコクピットのようなデザインが、建築当時から残るインダストリアルな雰囲気とも、ベッドルームのサイズ感ともしっくりなじんでいる。

1.

CHARACTER
BRICK

個性的なレンガ壁

木靴工場

London, UK
イギリス、ロンドン

ロ　ンドンにある、ヴィクトリア様式の旧木靴工場。以前はファッションデザイナーが作業場やショールームとして利用していたが、映画製作者である現在のオーナーが、Dow Jones Architects に依頼して、上階の2フロアを改修。歴史ある工場の風格を残しつつ、直線的なレイアウトのフロアを改築して、居住スペースに新たな階層をつくりだした。勾配のきつい屋根を取り壊し、むきだしのレンガ壁をオーク材でできた2連の箱型の屋根ですっぽりと覆っている。建物のインダストリアルな雰囲気に合わせて、外側は銅板でカバー。新たに天窓を設け、差し込む光が室内を明るく見せるようにした。フロアに用いられた木材は、新しい屋上と調和するだけでなく、遺跡を掘りおこすように丁寧に露出させた

レンガ壁との質感の対比も楽しませてくれる。コンクリート壁にはさねはぎ＊で板を取りつけ、控え目なインテリアにあたたかみのある色合いと質感をプラスするとともに、古いレンガ壁の持つ素朴な味わいを引き立てている。3階はオープンキッチンとリビングルームで、建物本来の床板が存在感を示している。2階のバスルームやベッドルームには年季の入った天井材をそのまま残した。レンガ、木材、コンクリートという3つの素材の組み合わせが、この建物の過去の姿と、都会の喧騒のただ中にありながら落ち着ける場所へと生まれ変わった現在の姿の両方を如実に物語っている。

＊板の一方に溝を彫り、もう一方に突起をつくり、2枚をかみ合わせて接合する手法

1. ここはかつての木靴工場。歴史情緒あふれるロンドン橋や、人気の市場バラ・マーケットのすぐ近くに位置している。近年、高級化が目覚ましいエリアでもある。

2. 屋根裏へと続く階段のそばには、1830年代から1840年代頃につくられた、マホガニーと赤いレザーのチェアが置かれている。古いレンガ壁に、ミック・ルーニーの絵がよく映える。

3. 堅いオーク材のダイニングテーブルはウェールズでつくられたもので、嵐で倒れた木を材料に使用している。ブリティッシュレーシンググリーン*の3つの大きな照明は、Trainspottersで手に入れたヴィンテージの工場ライト。

*イギリスの伝統的カラーである、濃い緑色

4. コンクリートに覆われたキッチンキャビネットは、Dow Jones Architectsによるデザイン。中央のアイランドキッチン上部の梁には、フライパンなどを吊るせるよう、亜鉛メッキ加工したレールが取りつけられている。

5. 新たに設置した壁はつややかなオーク材に覆われ、工場時代の名残である素朴なレンガ壁と見事に調和している。壁を走る金属の配管をむきだしのまま残し、裸電球風のペンダントライトと合わせて、さらなるインダストリアル感を演出。

6. 住居内に新たな階層をつくり出し、細長いフロアに新たなスペースを加えた。天窓を設けたおかげで、天井がより高く見える。吹き抜け部分には、クラシカルな雰囲気が漂うGeorge Smithの大きなソファが置かれている。

「クライアントをサー・ジョン・ソーンズ美術館に連れて行った。この美術館はもともと18世紀から19世紀の建築家で収集家のジョン・ソーンの住宅兼オフィスだった建物を利用していて、自然光に満ち、刺激と情熱が詰まっている。ロンドンでお気に入りの場所だ」

アラン・ジョーンズ、Dow Jones Architects

7.

「わたしたちにとって大切だったのは、
リノベーションのために手を加えるとしても、建物の個性や
そこに宿る『魂』を損なわないようにすることだった」

ホームオーナー

7. オープンプランのバスルームは、階段下
のスペースに配置。フロアと壁に打たれたコ
ンクリートが、建築時のままのレンガ壁や梁
となじんでいる。個性的なつくりつけのタオ
ル置きは、古い列車の荷棚を再利用したもの。

8. ベッドルームには、木製のパネル式扉と、
アンティークショップLASSCOで手に入れ
たつややかな鋳鉄のラジエーターを設置。む
きだしのレンガ壁やレプリカの窓とうまく調
和している。ベッドの足元で存在感を放つの
は、アンティークの木製移動チェスト。

1.

機械の時代

船具商

New York, USA
アメリカ、ニューヨーク

ベッカ・ロバートソンとマルコ・パサネラは、ライフスタイルに変化を求めて、マンハッタンのサウスポートに移り住んだ。当時ロバートソンは、雑誌『マーサ・スチュワート・リビング』の編集者を務めて10年。建築家、作家、デザイナーの夫パサネラは、作品がホワイトハウスやクーパー・ヒューイット・スミスソニアン・デザイン・ミュージアムに展示されるなど、大きな成功を収めていた。ふたりは新たな生活を始めようと、5階建ての港湾倉庫を購入した。1839年の建築で、当初は帆や船舶用品の製造を行う船具商が、その後は水産貿易会社が使用していた。以前は人気の市場、フルトン魚市場に面していて（現在市場は別の場所に移転）、そのにぎわいは独特の雰囲気を醸しだしていたという。

この建物が建っているのはマンハッタンで最初に電線が引かれた通りでもあり、周辺は歴史情緒にあふれている。現在建物の1階では、マルコが経営する評判のワイン店Pasanella & Sonが営業中。上階は、夫妻が息子のルカ、つがいのボタンインコ、猫たちと暮らす自宅に改修されている。夫妻にとっては、もとのままの床やむきだしの梁、木の柱を残すことが何よりも大切だった。歴史ある建物が持つ質感を愛するふたりは、できるだけ多くの建材を再利用しようとした。フローリングの床は明るい色の船舶用塗料でコーティングされ、レンガ壁には白いペイントが施され——建物は、倉庫だった頃の面影を維持したまま、はっとするような現代的な装いへと生まれ変わった。

（pasanellaandson.com）

3.

1. タイルの張られた炉胸*が白いレンガ壁と絶妙なコントラストを見せている。タイルはヴィンテージもののオランダタイルで、ニューヨークに残る長い移民の歴史を連想させる。中央のテーブルはパサネラ自身のデザイン。

*部屋の壁から突き出した暖炉の一部

2. パサネラは著書『Living In Style Without Losing Your Mind』のなかで、「本物のおしゃれとは、流行を追うのではなく、自分に正直でいること」だと述べている。かつての持ち主に大切に使われてきたアンティークの品々が、住宅にさらなる個性を与えている。

3. むきだしの梁と質感を合わせるように、どっしりした木製のアイランドキッチンを配置。壁面全体を覆う白い棚が、白くペイントされたレンガ壁に溶けこんでいる。

4. この巻き上げ機は、かつて船具を建物から出し入れする際に使用していたもの。オープンプランの広々としたリビングで、子どもの遊び場の仕切りとしてその姿をとどめている。

「この界隈は、忘れ去られた場所だった。
ブルックリン橋から100m足らず、ウォール・ストリートや
市庁舎のすぐ裏手にありながら、
どういうわけか時代に取り残されていた。
わたしたちは、ここで暮らそうと決めた」

マルコ・パサネラ、ホームオーナー

5. つくりつけの本棚が天井を高く見せている。棚の上まで手が届くよう、図書館で使われていたというアンティークのキャスター付きはしごを設置した。玄関ドアの脇の、白いレンガのアルコーブは、パサネラが集めたヴィンテージの自転車を飾るのにぴったりだ。

6. 新たに設置した仕切り壁が、住居をふたつの空間に仕切っている。オープンプランのリビングの後ろに、バスルームと各ベッドルームを配置。白くペイントされたレンガ壁とフローリングが、居住スペースに統一感を持たせている。

1.

住居兼仕事場

かみそり工場

Geneva, USA
アメリカ、ジェノバ

デザイナーカップルのエイミーとブランドン・フィリップスが住居兼仕事場にしているのは、19世紀に建てられた旧工場で、6039㎡の広さを誇る。2007年に建物全体を13万7500ドルで購入し、廃墟と化していた3階建ての工場を、わずかな予算と尽きることのない創造力で、何年もかけて地道に改修した。アニメ『ザ・シンプソンズ』の大ファンだというこのカップルは、かつての西洋かみそり工場に、新たに「クラッカー工場」というユーモアあふれる名前をつけた。建物の一角にそびえる高さ61mの煙突は、地元ではもはや欠かすことのできない風景の一部となっている。現在建物の1階は、フィリップスの経営する家具メーカー Miles & May のオフィスとなり、作業場やショールームも併設。2階は、557㎡のイベントスペースと、アーティスト向けのアトリエがいくつかと、372㎡の活版印刷工房が占める。エイミーとブランドンが暮らす、2ベッドルームのアパートメントも同じフロアにある。家具の製作には再生材や環境に配慮した木材を使用するのが、Miles & May のモットーだ。エイミーとブランドンによると、家具は「目的と価値のあるもの」でなければならないという。ふたりのロフトを見ると、むきだしのレンガ壁がファウンドオブジェクト＊や再生材をふんだんに使用したインテリアの雰囲気とマッチしている。急勾配の天井には、ミシガン州の工場跡に残されていた床材を再利用。フロアの一部を占めるベッドルームの天井には、金属の波板が張られている。素朴なレンガや再生材と、光沢のある新素材との組み合わせが絶妙だ。　（milesandmay.com）

＊過去になんらかの目的で使用され芸術作品の材料として再利用されたもの

1. かつて工場だった、赤レンガの建物。2階は現在、アーティストたちのアトリエやギャラリーとなっている。プライベートなパーティや結婚式の会場として貸しだすこともある。非営利団体が運営するカルチャーイベント「3stories」もここで行われる。

2. 高さ3mのしっかりとしたドアの外側を赤に塗り、ロフトへのエントランスをドラマチックに演出。アパートメントに入ると、まずオープンキッチンが迎えてくれる。大理石のフロアタイルと部分的にホワイトウォッシュ加工したレンガ壁のコントラストが目に鮮やかだ。

3. オープンプランのレイアウトは、建物の広さを強調しつつ、旧工場という個性も際立たせてくれる。リビングには、高さ6mの天井のトラスからパネルが吊り下げられ、部屋の間仕切りと、アートコレクションを飾るスペースの役割を果たしている。パネルの後ろは2間のベッドルーム。つくりつけの棚のど真ん中にヴィンテージの大きな地図を配置し、そこに視線が集まるようにした。

4. キッチンのキャビネットもカスタムメイド。カッラーラの大理石をはめ込み、前面は自動車用塗料で仕上げた。むきだしのレンガ壁やもとのまま残した窓と、鮮やかなコントラストを見せている。赤いレンガ壁の一部を白く塗ることで、インダストリアルな空間に質感の変化を生みだした。

5. フィリップスは自分たちの手がけた家具のデザインを吟味し、改良点を見つけるために、自宅をライブ会場として貸し出すことがある。「The May Rocker」と名付けたMiles & Mayのブランドチェアの素材はウォルナットで、格子状に編んだ黒いレザーのシートと背もたれが、大きな窓を縁取る個性的なメタルフレームと趣を合わせている。窓の各所にはめ込まれた色ガラスも、ひねりがきいている。

5.

6.

「個性的な素材と完璧な職人技から生まれた
シンプルなデザインは、時代を超越する。
わたしたちの家は工房の真上にある。
新しくつくったものを実際に使ってみて、
細かい調整を加えるのに最適な場所だ」

エイミー＆ブランドン・フィリップス、ホームオーナー

6. 古びた素のレンガ壁が、バスルーム
の雰囲気を演出。シャワースペースの壁
は、白い大理石の端材を使って仕上げた。
タオルを置く金属のラックは、列車の荷
棚を再利用したもの。

7. 廃材だった鉛枠のガラス窓と、コニ
ー・アイランドの遊歩道に敷かれていた
古い木材が、間仕切りとバスルームへと
続くスライドドアとして生まれ変わった。

8. 近隣の陸軍倉庫で使われていた弾薬
保管用のキャビネットが、たっぷりとし
た収納スペースを確保しつつ、2つのベ
ッドルームを仕切る壁の役割を果たして
いる。キャビネットの上の空間をオープ
ンにすることで、オープンプランのロフ
ト全体が調和に包まれた。

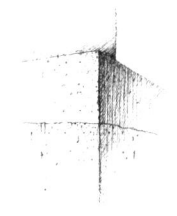

CONCRETE

コンクリート

コンクリート打ちっぱなしの天井や壁、フロアは占める面積が広い場合はとくに、インテリアのすばらしい背景になるとともに、改修住宅の個性を際立たせてくれる。古いコンクリートの表面を元の状態のまま保存するとなると、階段などの構造物はもちろん、照明といったディテールのデザインや配置もそれに合わせる必要がある。その一方で、現代的なコンクリートの質感を取り入れられる。打ちっぱなしのコンクリートは空間全体に冷たい印象を与えるが、都会や暑い地域の建物にとってはプラスになることが多い。古いセメントの粗くざらざらした感触と、新しいコンクリートのつややかな質感とのコントラストがもたらす素朴な味わいを気に入るホームオーナーもいる。ベルベットやリネン、白木、磨きをかけた金属といった素材をコンクリートと組み合わせれば、ぬくもりがあり目にも楽しい居住スペースをつくりだせる。グレー一色のコンクリートは、ミニマルでモノクロ調の雰囲気を表現でき、主張しすぎない色合いは明るい色やパステル調の家具を引き立てる。コンクリートでインテリアを統一すれば、整然としたインダストリアルな空間を演出できるはずだ。

◀◀ 淡いグレーのリネンでまとめ、差し色も1色のきわめてシンプルな色使い。オーク材のフローリングにはグリーンのラグが敷かれ、打ちっぱなしのコンクリート天井がベッドルームの主役だと印象づける。Tumblrの創業者デイヴィッド・カープがニューヨークに所有するロフトの一室。

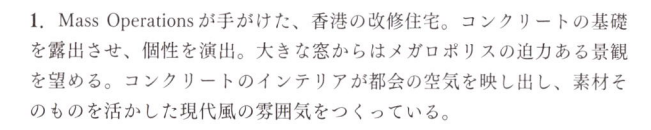

1. Mass Operations が手がけた、香港の改修住宅。コンクリートの基礎を露出させ、個性を演出。大きな窓からはメガロポリスの迫力ある景観を望める。コンクリートのインテリアが都会の空気を映し出し、素材そのものを活かした現代風の雰囲気をつくっている。

2. ロフトのオーナーはアートの収集家でもある。新たに設置したコンクリートの壁は、ベッドルームとの間仕切りになると同時に、アート作品や本を飾るスペースにもなっている。コンクリートの天井と統一感を出しながら、風通しをよくし、室内を明るく見せてくれる。

FLOOR-TO-CEILING 　　床から天井へ

コンクリートの淡い色合いと質感を住宅全体に活かすのも、おもしろい選択肢だ。表面の仕上げに変化をつければ、見た目のインパクトも強まる。建物の基礎構造を露わにすることで、現代的な印象を引きだすことができる。インダストリアルそのものの雰囲気、ミニマルな雰囲気を演出したいオーナーにとって、理想的な手法といえるだろう。コンクリート面を広くとれば、都会や暑い気候でも、室内を涼しく保てるという実用的な面もある。

CEILINGS

天井

現代の住宅では、装飾を考える際に天井を意識することは少ない。だが、工業用建築物を改修するとなると、多くの場合、広々としたコンクリートの天井は、照明や装飾の選択を大きく左右する重要な要素となる。正方形や多角形のくぼみパネルをはめ込んだコンクリートの格天井は、フロアのレイアウトを直線的に見せる。樽形のカーブが連なる天井は、ヨーロッパ大陸でよく見られる形式だ。機能上の梁を隠すように張られた、装飾的なデザイン。非常に見ごたえのある天井だ。

3. ロンドンのクラーケンウェルにあるロフト。改修を任されたInside Out Architecture は、建物の基礎構造を露出させ、幾何学的な梁を印象づけた。モダンなデザインのレール式照明がシャープなイメージを際立たせている。

4. バルセロナの旧印刷所に残されていた、コンクリート製の、樽形のカーブが連なる天井。見た目の変化が楽しいだけでなく、空間を広く見せてくれる。サンドブラスト加工を施したレンガの壁とそびえ立つ柱が、コンクリートとのコントラストを見せている。

6.

5. & 6. ロンドンにある改修アパートメント。
もとは工業用施設で、William Tozer Associates
が3室の改修を手がけた。天井を横切るコン
クリート構造が、空間に統一感を持たせてい
る。きわめて直線的なレイアウトを採用した
オープンプランのロフト。深い色合いの木柱
とスライド式の間仕切りを新たに設置し、ベ
ッドルームなどのプライバシーを保ち、ホ
ームオフィスや外には見せたくない場所をうま
く隠している。

7. Inside Out Architecture が改修したロンド
ンの旧倉庫。住宅全体が、ぬくもりのある木
材とひんやりとしたコンクリートの心地よい
コントラストに包まれている。空間を仕切る
吹き抜けのキャビネットには、作業テーブル
を収納。

7.

8.

WALLS

壁

工業用建築物の壁は、建てられた年代にもよるが、コンクリート製が多い。むきだしのコンクリートは、モダンなモノクロ調のコーディネートをはじめ、カラフルな色使いや、伝統的なデザインなど、さまざまなインテリアにマッチする素朴かつ現代的な背景になる。そうした「工場風」のムードは、意図的につくりだすこともできる。あらかじめ工場生産されたコンクリートのパネルを既存の壁に打ちつければ、本物のコンクリート壁に似た雰囲気を出せる。デジタルプリントされた「本物そっくり」のコンクリート調壁紙も、現代の住宅にとって最も手軽で、低コストで、現実的な選択肢となるだろう。

8. サンフランシスコにあるOriental Warehouseのロフト。吹き抜けの壁を現場打ちコンクリート*で覆っている。グレーのコンクリートは、ホームオーナーの現代アートのコレクションやおしゃれな照明が映える、理想的な背景となった。

＊建築現場で完成したコンクリート

9. 建築家マイケル・ハバーランドが手がけた印象的な改修住宅。コンクリートの壁が強い個性を放つ。ニューヨークの街並みを飾るウォルナット材の窓枠が、ダイニングテーブルやフローリングと趣を合わせ、空間にあたたかみを添えている。

9.

10.

10. バルセロナのグラシア地区に建つ、旧工業用施設。6つの独立した住宅へと改修された。大きな窓からリビングにたっぷりと差し込む光のおかげで、コンクリートパネルを自由かつ大胆に活用できるようになった。

11. インテリアデザイナーのカティ・スキェベックは、インテリア全体をおさえた色調でまとめることで、広々としたコンクリートパネルとフローリングに劇的な効果をもたらした。バスルームの洗面台にかけた大きな鏡のおかげで、圧迫感は覚えない。

12. キッチンの味のある木製キャビネットが、ライトグレーのコンクリートの床や壁と見事なコントラストをなしている。木のダイニングテーブルと椅子がぬくもりのある質感を添え、丸みのあるフォルムが堅い雰囲気をやわらげる。

「昔から、床に何百冊もの本を
並べられるような、ホールのように
大きなアトリエを持つのが夢だった。
廃墟と化していたこの工場は、
その夢を叶えてくれただけでなく、
真のインダストリアルな美しさとは
何かを教えてくれた」

アッティラ・F・コバーチ、ホームオーナー、
デザイナー

FLOORS フロア

古いものであれ、新たに設置したものであれ、
コンクリートの床には多くの利点がある。掃除
しやすく、暑い気候では足元を涼しく保てるう
えに、熱伝導もよい。コンクリートを磨いて光
沢を出せば、上品なインダストリアル感を演出
できるうえ、大きな窓がある建物でも、日当た
りがよくない建物でも、自然光を最大限に反射
してくれる。

13. 1913年頃に兵器工場として建てられ、の
ちにニット工場という平和的な目的で使われる
ようになった。A+Z Design Studio を共同経営
する建築家のアッティラ・F・コバーチとその
妻でアート・ディレクター兼スタイリストのズ
ザ・メジェシにとって、野ざらしで放置されて
いたこの4階建ての建物は、夢の家をつくるチ
ャンスそのものだった。ダイニングの磨きあげ
られたコンクリートフロアは、まさに映画のセ
ットを思わせるインダストリアルな空間を演出
し、美しく修理された窓から差し込む光を反射
している。

14. ロンドンにある、ソレンヌ・ド・ラ・フシャルディエールのロフト。かつての衣類品工場の一角を占める。ソレンヌは家具メーカー Ochre の共同経営者で、アパートメントにはヴィンテージ家具と自社デザインの家具が並ぶ。コンクリートの床がインダストリアルな美しさを印象づけている。

15. オーストラリアのメルボルンに建つ改修住宅。建築デザイン会社 Techné のインテリアデザイナーは、装飾を落ち着いた色調でまとめ、建物のインダストリアルな個性を引き立たせた。もとのまま残した窓枠にマッチするよう、インテリアに黒いスチールを取り入れた。コンクリートフロアが部屋を広く見せている。

16. カナダのトロントにあるこのロフトは、ガム工場だった建物の一室。改修を手がけたのはインテリアデザイン事務所 Cecconi Simone。全面を光沢のあるコンクリートで覆い、窓は当時のまま残した。ミニマルにまとめられ、インド綿のカーテンが間仕切りの役目を果たしている。

1.

CONCRETE
BRUTALISM

コンクリート・ブルータリズム

セメント工場

Sant Just Desvern, Spain

スペイン、サン・ジュスト・ダスベルン

スペインの建築家リカルド・ボフィルは、1965年に事務所を設立して以来、世界各地で建築プロジェクトを手がけて国際的に高い評価を受けてきた。わずか17歳でイビサ島に住宅を設計したボフィル。長年暮らしてきた自身の住宅は、バルセロナ郊外の工業団地を改修したもので、彼の最高傑作のひとつとしても知られている。1973年、このセメント工場跡の存在を知ったボフィルは、あちこち崩壊したコンクリートの建物に、誰も想像すらしなかったような未来を見出した。1世紀近く前に建てられたこの工場は、30を超えるサイロと、地下貯蔵庫や巨大な機械室で構成されていた。改築にかかった期間は2年。ボフィルは部分的にコンクリートの基礎を露出させ、建物の素材や構造を前面に出すことにこだわった。次に、何十年も放置されていたセメントを取り除き、インテリアも一新した。こうしてかつてのセメント工場は、ボフィルの住居、ゲスト用のベッドルーム、さらにはオフィスや記録保管室、アトリエ、展示スペースなどを有する空間となった。工業用建築物の可能性を余すところなく活かした、数ある改修住宅やオフィスのなかでも際立った存在といえるだろう。3000㎡を超える床面積のうち、500㎡をボフィルの住宅が占める。訪問客が迷子になることもあるというが、これほど見事で、インスピレーションあふれる場所でなら、迷子になるのも楽しいに違いない。

（www.ricardobofill.com）

＊コンクリート・ブルータリズム：コンクリート等の構造材を表面に出して力強さを表現する建築手法

1. 「ラ・ファブリカ（工場）」の名で知られるスペイン最古のセメント工場。現在は稼動していないものの、高さ100mの壮大な煙突がありし日の姿をとどめる。この煙突は、バルセロナのどこからでも見える。大改築のあとも、30基あったサイロのうちの8基が残されており、煙突とともに要塞のような個性的な外観をつくりだしている。

2. ポストモダン建築の旗手として、ボフィルは天にそびえ立つような高さと奇抜なコンクリート構造をうまく残しつつ、ブルータル（粗野）なスペインのセメント工場を見事な手腕でよみがえらせた。装飾をおさえたモダンな家具とインテリアに、選り抜きのデザイナーズ家具を合わせ、すばらしい室内空間をつくりだしている。

3. ラ・ファブリカの広大な空間には
魅了される。この「カテドラル（大聖
堂）」は高さが11mもある大広間で、
建物一の広さを誇る。展覧会や講演会、
コンサート会場にうってつけで、ボフ
ィルが手がけるプロジェクトの精巧な
建築模型や設計図を展示するのにも理
想的な場所だ。

4. 広々とした吹き抜けの「サラ・クービカ（立方体の部屋）」は、立方体の巨大なリビングで、ボフィルと家族が暮らす住居スペースの中心でもある。打ちっぱなしのコンクリート壁が放つインダストリアルな個性は、長いカーテンのやわらかなドレープや、一年を通して差し込む自然光の効果でやわらいで見える。

5. ボフィルの建築事務所Taller de Arquitecturaは40名を超える専門家集団で、高さ15mのサイロ内にオフィスを構えている。かつてはセメントの保管庫だった空間は、いまや最先端の創作活動の場となっている。

6. 落ち着いた雰囲気のベッドルーム。家具や寝具を白で統一してミニマルにまとめ、壁や天井の粗野な味わいをそこねないよう、装飾も控え目にした。むきだしのコンクリート壁と磨きのかかったフロアが互いを引き立て合っている。

「建築家であるためには、
空間を理解しなければならない。
この空間は、いわゆる普通の住宅のように
機能性を重視するのではなく、
気持ちよく暮らせるかどうかを意識して構成した」

リカルド・ボフィル、建築家

7.

8.

7. かつてこの敷地は、古いセメントが厚く積もる荒れ地になっていた。現在、建物の周辺は広々とした庭へと姿を変え、風にしなる背の高いヤシやユーカリ、香りのよい糸杉やオリーブの木々が植わっている。すっかり様変わりしたことをアピールするかのように、塔のような外壁をびっしりとツタが覆っている。かつての工業施設はいまや、壮麗で平和に満ちた現代のバビロンのようだ。

8. ボフィルはアーセナル音楽センター（フランス、メス）やミゲル・デリベス文化センター（スペイン、バリャドリッド）をはじめ、世界中のさまざまな文化施設の建設を指揮してきた。ラ・ファブリカは、ドラマチックな雰囲気あふれる音楽ホールとしての機能も備えている。「カテドラル」の広さと音響効果は、ボフィルのプライベートなコンサートや、家族やクライアントたちとの気の置けない社交会を開くのにぴったりだ。

DOORS

ドア

倉庫や工場などで使われていたドアは、実用性と、本物の持つ美しさを兼ね備えている。工場という環境での長期使用に耐えるよう大半が金属製で、メンテナンスや取り換えの必要もほとんどなかった。キャスターのついたスライドドアや、頑丈な蝶番が支える開き戸は、開閉が容易で、商品の運搬や大型機械の移動にも便利だった。エントランスの大きさや形状に応じてドアは特注され、保定のために特大のボルトが使われることもあった。耐久性と堅牢性に優れているおかげで、長年放置され廃墟と化した工業用建築物でもほとんどのドアが当時のまま残っている。こうしたドアは現代の改修住宅でも強い個性を発揮し、室内をどう装飾するか、インテリアデザイナーや建築家にヒントを与えてくれる。古いドアが実用性に欠ける場合やそもそもドアが残っていない場合は、新たなドア、たとえばスライドドアのような省スペースのドアを設置するのもいいだろう。古いものであれ新しいものであれ、目を引くドアは、入り口としてまたは部屋と部屋との境界としてもとの建物の歴史を語るとともに、インダストリアルな美しさを際立たせてくれるはずだ。

◄◄ ロンドンにある元靴工場にあった両開きの金属の防火扉。1938年につくられたもので、修復され現代に引き継がれている。青さびがついた年代物の金属の味わいと元の姿をとどめる装置類のディテールに心を奪われる。このドアは室内の装飾にも大いにインスピレーションを与えている。

1.

1. このトロントのロフトでは、廃品として回収された金属のドアを再利用。スライドすると、向こう側はベッドルームになっている。オーナーがセレクトした作品を飾る壁の役割も果たす。

2. さびのついたドアには、リベット加工したアルミ板とオリジナルの建具を取りつけた。天井を大胆に横切るむきだしの配管が、ドアの印象を引き立てている。

3. ロフトオーナーは愛着ある品々をディテールに取り入れた。ベッドルームのヴィクトル・ヴァザルリのポスターはオーナーが実家から持ち込んだ。

SLIDING

スライドドア

ポンペイ遺跡には、スライドドアのレール跡が残されているという。スライドドアの通用口は、今も昔も工業用建築物の大きな特徴のひとつだ。ドアをキャスターにのせて転がすというシンプルな構造は、開き戸よりも楽に開閉でき、商品や機械類の運搬もスムーズ。火災が発生した際には火をすばやくシャットアウトでき、安全装置の役割も果たす。建築当初のドアが既に失われた建物でも、省スペースで見た目にもすっきりしたスライドドアを選択するホームオーナーは多い。スライドドアは建物の個性を保ち、どのような構造であれ、インダストリアルらしさを瞬時に引き出してくれる。新たにドアを制作するのもいいが、さびや傷跡が残る金属を再利用すれば、インテリアになじむアンティークなムードを出せるだろう。

4.

4. ニューヨークのチェルシーにある、しゃれたロフト。インテリアを手がけたBK Interior Designは、会員制紳士クラブとして使われていた当時の上品な雰囲気と、建物に残る、あるいは新たに加えたインテリアのインダストリアルな素材をうまく組み合わせている。

5. 空間の有効活用のため亜鉛のスライドドア
を採用。住居の中心となるリビングの奥には居
心地のよいメインベッドルームがひっそりとた
たずむ。年代を感じさせる金属のドアがヴィン
テージの鋳鉄のラジエーターとよく調和している。

6. リビングの反対側のスライドドアを開くと、
オフィス兼ゲスト用ベッドルームが現れる。ター
タンチェックのインテリアとヴィンテージの
トランクが、ダークカラーの窓枠にも白いペイ
ントのレンガ壁にも映える。

「特注品の大きな亜鉛の
スライドドアが、
建物に残るむきだしの
レンガ壁や配管と
マッチしている。
それらが
空間に開放感を与え、
堂々たる風格を
醸し出している」

ブラッド・クレフマン、
インテリアデザイナー

7.

8.

7. ソレンヌ・ド・ラ・フシャルディエールの自宅に据え
つけられた、巨大な亜鉛のつや消しパネル。ベッドルーム
とメインのリビングを仕切りつつ、空間をより広く見せて
いる。金属板に打たれたリベットはステッチのようで、こ
こがかつて衣類工場だったことを連想させる。新たに加え
たインダストリアルな素材が、大きな窓やコンクリートの
梁といった、この建物がもともと持つ個性と見事に調和し
ている。

8. トライベッカ（ニューヨーク）の旧キャビア工場の一
角を占めるロフト。改修を手がけた Andrew Franz Architect
は、建物に残る建材と新たに加えた素材を大胆に組み合わ
せている。通路を飾るのは、インダストリアル感たっぷり
のスライドドア。むきだしのレンガ壁や、現代的な雰囲気
の玄関ドアと並んで、堂々たる姿を見せている。青さびの
ついた金属が、新たに持ち込んだ真っ赤な玄関クローゼッ
トと絶妙に調和している。屋根の梁に使われていた木材を、
つくりつけの階段の手すりとして再利用した。

「建物に残る建材を吟味し、スチールフレームや、
コンクリート、レンガといった素材を、
改修の要として利用した。大きなスライドドアも、
コンクリートパネルを打ちつけた壁に
違和感なくなじみ、開放的なダイニングの背景として
インダストリアルな個性を見せている」

アルバート・モー、Architects EAT

9.

9. メルボルンを拠点とするArchitects EATは、フィッツロイ（メルボルン）
の工業地帯跡に残されていたチョコレート工場を改修し、美しい住宅へと
変貌させた。250㎡の居住スペースは、アコーディオンドアやスライドド
アで仕切られ、まるで隠れ家のような空間をつくりだしているが、必要に
応じてオープンプランの大広間として利用することもできる。天井の高い
アトリウムや吹き抜けの空間は開放感があり、空の様子も楽しめる。厳選
された素材や改修を新たに加えることによって、建物に残るインダスト
リアルな美しさがますます引き立てられた。ダイニングでは、コンクリート
製の特注のスライドパネルが、レンガ壁や木の柱と肩を並べる。

「ガス工場だった当時の面影を残したいと考えていた。そこで住宅のリノベーションをする際には、現代的なやり方とは異なるアプローチを取ることにした。特注のガラスのスライドドアには、受話器のようなガラス吸盤ハンドルを取りつけ、モダンでありながらインダストリアルな雰囲気を表現した」
ズザ・メジェシ、ホームオーナー、デザイナー

GLASS   ガラス

透明なものから不透明なものまでさまざまなガラスがあるが、どのガラスのドアも開放感を演出するのにぴったりだ。日差しをふんだんに取り込むことができ、ドアを閉めても、ほかの部屋や空間との一体感を保てる。工業用建築物を改修した住宅では、ガラスのドアは建物に残る窓ともなじみやすく、ガラスのつややかさがレンガやコンクリートの質感を引き立ててくれる。

10. すりガラスの美しいスライドドアを採用したブダペストのロフト。スペースの節約と採光を同時に実現している。このスライドドアの存在によって、中2階で再利用した窓が、一層印象深いものとなった。

11. & 12. ミラノにある旧工場。無駄のないデザインの2枚のガラスのドアは、キッチンとダイニングに一体感を持たせながら、調理中はしっかりと間仕切りの役割を果たす。

1.

劇場風のデザイン

靴工場

London, UK

イギリス、ロンドン

1 930年代に靴工場として使われていた建物を改修した、ロンドンのクラーケンウェルにあるアパートメント。コンパクトかつ洗練された雰囲気にまとめられている。オペラ監督で舞台演出家のダリア・イベルホウプタイテと、映画・舞台監督のデクスター・フレッチャーの自宅。創造性豊かなカップルにとって、建築家は脚本家のようなもの。改修を託した Angus Pond Architects に期待したのは、建物の雰囲気や特徴的なディテールを残しつつ、自分たちらしいアパートメントのデザインだった。ふたりの仕事や世界を飛び回る生活スタイル、家族の歴史といった要素が、かつての工場をユニークな住宅へと変貌させた。ふたりが魅了されたのが、建物に残るメタルフレームの窓だった。この窓はレイアウトの問題で大部分が隠れてしまっていたので、建築家はオープンプランのレイアウトを考案し、建物のどちらの側からでもこの窓を楽しめるようにした。建築当初のメタルフレームとレバーがほぼそのままの状態で残り、見事に調和している。繊細で美しいフレームは、建物のインダストリアルな個性を際立たせ、落ち着いたデザインながら躍動感も感じさせる。このフレームの変化と動きにインスピレーションを得たのが、中央に設置された黒い「魔法の箱」。オーナーの「宝箱」ともいえる個人的な記録保管室で、外からは見えないが、内部はきわめて機能的な空間だ。キッチンの頑丈な防火扉は建築当初のもので、細部まで昔のまま。防火扉にヒントを得て、スチールという素材を活かし、住宅全体をグレーの色調で統一した。

2.

3.

「ダリアの祖父は、リトアニアの田舎の町で木材工場を営んでいた。リノベーション中、
リトアニアの小さな工房と縁ができ、ウォークインクローゼットやデスク、
バスルームの材料になる2トンのオーク材を手に入れた。家族の歴史に敬意を示したかった」

デクスター・フレッチャー、ホームオーナー

1. この住宅は演出的な要素に満ちている。中央に配置した「黒い箱」が、眠る場所、食事の場所、くつろぐ場所、それぞれの空間を際立たせている。

2. フレッチャーの映画作品にしばしば表れる建築に対する情熱と、イベルホウプタイテの舞台デザインの才能が室内にも反映されている。

3. & 5. 黒灰色の障子風スクリーンは可動式で、ふたりが日本を旅したときの体験にヒントを得たもの。元のまま残した窓と調和を保ちつつ、劇場の空気も感じさせる。

4. つややかなスチールの箱の中はバスルームになっている。スチールの素材を活かしたスライド式のスクリーンで覆い、ランドリー設備と、フィルムや本などを収容。

7.

「劇場を愛し、芸術的なまでに明快なデザインを好む
ふたりのクライアントに刺激を受けて、明るい色彩や、
インダストリアル感あふれる青いスチール、深みのある
オリーブグリーン、異色な質感の素材などを絶妙に
組み合わせて、モノクロ調のインテリアを際立たせた」

アンガス・ポンド、建築家

6. 1938年の建造当時から残る窓と金属の防火扉は、工場というかつての姿を示す貴重なディテール。硬質でインダストリアルな印象が、インテリアの素材や色使いにも反映されている。ダークグレーの御影石の天板に覆われたPoliformのキッチンは、イメージに合わせて特注された。

7. 美しく整ったオープンキッチンは、楽しいひとときを過ごすのにぴったりな洗練された空間になった。3つ並んだ手吹きガラスの電球が、ダイニングテーブルに光を投げかけ、劇場のような雰囲気を演出。防火扉が、オーナーのガラスコレクションを並べた独創的な食器棚の目隠しとして再利用されている。

EXTERIOR WINDOWS

外壁の窓

窓は工場や倉庫を改修した住宅の大きな魅力だ。こうした建物の窓は堂々とした大きなものが多く、室内を自然光で満たしてくれる。1990年代に芸術家たちの間でロフト住宅ブームが巻き起こり、クリエイティブなコミュニティが生まれたのも建物の窓に魅かれたからだ。建築家やホームオーナーたちは、古い工業用建築物を住宅に改修する際、壊れているあるいはシングルガラスだという理由で、窓を取り換える必要に迫られる。重要建築物に指定されている建物なら、同じような窓を複製し本来の特徴を保つことが義務づけられる。おしゃれな改修住宅の登場により、スチールフレームの窓は近年特に人気が高まっている。スチールフレームが初めて用いられたのは、産業革命が起こりスチールという素材が普及した18世紀半ばのことだ。製造技術が飛躍的に向上し、現代では「工場風」の要素を無理なく取り入れられる。当初から残る窓であれ現代に復元されたものであれ、窓は改修住宅にとって、ドラマチックで見るものを楽しませてくれる個性となるはずだ。

◀◀ 生活雑貨ブランドMERCIのアートディレクター、ダニエル・ローゼンストローチがパリに所有するロフト。かつての工場に残る背の高い窓が、キッチンを明るい光で満たしている。クラシカルなTOLIXのテーブルや、マシュー・マテゴがデザインしたパンチングメタルの棚が、スチールフレームの質感と調和して、インダストリアルな美しさを際立たせている。

「ロンドン東部に建つ旧工場を改修した
このアパートメントの個性は、なんといっても
クリッタル風*の大きなスチールフレームの窓だろう。
この窓の魅力を損ねることなく
プライバシーを確保するため、
シンプルな白いブラインドを合わせている」

*小さく分割された格子窓

ニア・モリス、インテリアデザイナー

1. インテリアデザイナーのニア・モリスは、ロンドンに建つかつての工場を、ベッドルーム2室、オープンプランのリビングを有するロフトアパートメントへと大幅に改修した。当時のまま残された窓が、2面にわたって広いリビングキッチンを囲み、室内のすみずみまで自然光で満たしている。スチールフレームの窓が、白くペイントされた壁やコンクリートの天井と相まって、すっきりしたモノクロ調の雰囲気を演出し、空間を軽快に見せている。フローリングに用いたベイマツの幅広の床板は、このモダンな改修住宅にふさわしい、実用的かつ洗練された素材だ。

METAL

メタルフレーム

スチールフレームの窓は、機能性が高く、メンテナンスが楽だ。耐久性もあり、大きな窓ガラスでもはめ込むことができる。工場によくあるメタルフレームの窓枠はつくりが華奢で、自然光をあまさず取り入れられる。スチールは腐食にも強く、素材をそのまま活かしても、カラーのパウダーコーティングを施して色使いを楽しんでもいい（典型的なカラーリングといえば、黒だろう）。工業用建築物の改修が人気を集める今、メタルフレームの窓の価値も建築界で見直され、産業施設や住宅の窓に際立った個性を与えている。

2. サンフランシスコの旧倉庫。1926年にタイヤメーカーのBFGoodrichが建築し、1996年にはロフトへと改修されていた。オーナーは、大きな住宅からアパートメントへの住み替えを考え、ロフトのモデルチェンジを地元の建築家キャス・カルダー・スミスとインテリアデザイナーのヴォーン・ウッドソンに依頼した。ふたりは、アパートメントの中心にベッドルーム2室とメインバスルームをレイアウトし、建物の個性を活かしたオープンプランの見事なリビングを完成させた。一面に広がる窓もかつての姿のまま残されている。インダストリアルなフレームと、打ちっぱなしの素朴なコンクリート壁や柱が、中間色でまとめられた時代を感じさせないインテリアとコントラストを成している。

3.

4.

WHITE-FRAMED   白い窓枠

黒い窓枠が室内にドラマチックな印象を与えるのに対し、白い窓枠はエクステリアや外の景色との一体感を高めてくれる。その個性は真っ白くペイントされたレンガやコンクリートと合わせるとさらに際立ち、現代的なギャラリー風の空間を演出できる。

3. アール・デコ調の旧工業用建築物に残る窓。3面にわたって広がり、マンハッタンが一望できる。窓の下に並ぶキャビネットはSheltonMindelのデザインのもので、収納スペース兼アート作品の飾り棚になっている。

4. Trunk Creativeが改修を手がけたロンドンの旧飛行機工場。開放的な雰囲気のオープンキッチンには、もとのまま残したガラスブロックの窓から光が差し込み、インダストリアルな空間を照らしている。

5.

IN THE ROOF　　　　　　　　屋根に設けた窓

古い工業用建築物によくある傾斜屋根には、窓がはめ込まれていることもある。そうした窓（あるいは新たに取りつけた窓）は、広々とした吹き抜けの空間を光で満たし、屋根の形や構造がつくりだす心躍る眺めや、空間の広さを印象づけてくれる。回廊や中2階を備えた建物では、その効果がより際立つ。高い位置にリビングをレイアウトでき、明るい光に満ちた心地よい空間が生まれるはずだ。

5.　ショーディッチにあるソレンヌ・ド・ラ・フシャルディエールの自宅。勾配のある窓から隠れ家のようなリビングへと太陽の光が降り注ぐ。傷が残るコンクリートの梁は訪れた人たちに建物の過去の姿を思い起こさせるとともに、ひっそりしたアパートメントの一角に目を引く変化を添える。

6.　デザイナーのイザベル・ピュエッシュとブノワ・ジャマンの手で350㎡の住宅兼仕事場に改修された、フランスの旧回転木馬工場。ヴィンテージ家具と蚤の市で見つけた掘り出し物がインダストリアルな雰囲気をやわらげている。屋根に設けた大きな天窓が、この中2階の空間を休息や読書にふさわしいさわやかな雰囲気にしている。

7.

8.

「わたしたちの役目は、建物が残してくれたものに光を当て、その歴史が持つ美しさを伝えることだった。
改修にかかわったメンバー全員が、最後までそのことを忘れずに仕事に取り組んだ。
建物の過去を大切にしながら、その歴史に新たな1ページを刻んだのだ」

クリス・ホーリー、建築家

PIVOTING

回転式窓

工場や倉庫として使われていた建物の窓は、機能的な構造を持つものが多い。全開にできる回転式窓や、角度が調整できるパネル窓など、形状はさまざまだが、いずれもしっかりしたフレームに支えられ、操作も簡単だ。換気が調整できるだけでなく、屋内から楽に掃除できるという利点もある。

7. Chris Hawley Architects が改修を手がけた「ファーゴ・ランドリー」。回転式の格納扉は、建物に唯一残っていた窓。モーターやレールを修理しポーチの窓へと姿を変えた。ほかの窓は改修時に新たに設置したもので、高性能の三重窓は1915年当時のフレーム構造やシステムを忠実に複製している。

8. ポーチに隣接するバーは、一年中、パーティなどの会場として活躍している。天井からぶら下がっているのは、梁材を再利用したオブジェ。磨きをかけたコンクリートフロアには、かつてこの場所で稼働していた重機のオイルじみが残っている。

WOODEN 木の窓枠

木の窓枠は、倉庫という過去を持つ建物ならではの歴史情緒を添えてくれる。スチールフレームよりもさらに伝統的な趣があり、古いものであれ、もとのデザインを参考に新たに設置したものであれ、素朴な木材はレンガや木の梁、フローリングといったインダストリアルな素材にしっくりとなじむ。

9. 工場を改修した、ニューヨークのペントハウスアパートメント。広いオープンプランのリビングは、以前は芸術家のアトリエとして使われていた。西側と南側の壁に並んだ木枠の窓から、自然光がふんだんに差し込む。高さ5mの天井、白くペイントされたレンガ壁や梁が、室内を一層明るく見せる。リビングとメインベッドルームとを仕切るスチールフレームのガラス壁は、光を遮らないように The Turett Collaborative がデザインしたもの。

1.

インパクトのある窓

製粉工場

Denver, USA
アメリカ、デンバー

1 920年に建設された製粉工場、ロングモン・ファーマーズ・ミルはデンバーで古くから栄えた製粉業で、40年間にわたり最大手の一角を占めてきた。しかし、業界再編の煽りを受けて閉鎖を余儀なくされ、1975年までには骨組みを残すだけの荒れ果てた姿に。広い敷地の中で今も残っているのは、製粉所本体と三つの貯蔵庫だけだ。この歴史ある建物をロフトに改修する工事は2000年に完了した。かつて「ロッキー山脈の誇り」と称えられた製粉工場に新たな命が吹き込まれただけでなく、デンバーのダウンタウン一帯でインダストリアル・コンバージョンの事例が急増する端緒ともなった。改修を担当したのは、地元の建築会社 Architects Robb Studio と、シカゴに本社を置く Studio Gild。物件オーナーは当初、ランドリールームとゲスト用バスルームだけを改修する予定だったが、キャビネット用の新しい素材を探しはじめたところ、にわかにロフト全体をつくり変えたくなったようだ。もとのインダストリアルな特徴—亜鉛メッキのパイピング、天井の配管、むきだしのレンガ壁やコンクリートなど—は、洗練された装飾や落ち着いた色調とうまくマッチしている。インテリアデザインを担当した Studio Gild は本物の素材にこだわり、特注の木工製品にはミッドセンチュリーやヴィンテージを組み合わせた。明るいグレーのフローリングはコンクリートの壁ともうまくなじみ、モダンな印象に。オープンプランを採用したことで、高さ4mの天井や270度も見渡せる工場用の大きな窓といった特徴が引き立ち、風通しのよい、光あふれる住居になった。　(www.studiogild.com)

2.

1. ライトグレーのコンテンポラリーキッチンがコンクリート打ちっぱなしの壁に違和感なく溶け込んでいる。カスタムメイドのグレーのキャビネットは白い珪岩の天板のカウンターと一体化し、壁かけアイテムの表面にはパンチングメタルが施されている。

2. オープンプランの279㎡のロフトはおもてなしに最適な広さだ。ダイニングは段差のあるステージ風キッチンの隣で、深い青緑色のラグと、窓の前にある大ぶりのインダストリアル風シャンデリアがひときわ目をひく。

3. Architects Robb Studio は、もともとあった大煙突を活かしてコンクリートとスチールのモダンな暖炉をつくり、それを囲んで座れる造りにした。ここの座面は、日本の焼杉板*の技法を用い、オーク材を炭化させてつくったもの。

*火で木材の表面をあぶり炭化させることで木材の耐久性を向上させる技術

4.

「改修の際に気を配ったポイントはふたつ。
ロフトから見えるロッキー山脈の雄大な眺めと、
インダストリアルな特徴を損なわないようにすることだ」

ジェニー・ビショップ、Studio Gild

4. バスルームの特注洗面台には焼杉板の技法で炭化させたオーク材を用い、厚さ15cmの大理石のシンクを載せた。壁のチューブ状の照明はマイケル・アナスタッシアデスのデザインによるもので、この部屋を男性的で骨太な雰囲気に仕立てている。

5. モダンな水栓を取りつけたヴィンテージの「鷲爪脚」のバスタブの側には、黒枠の大きな窓。デンバー市街とロッキー山脈の雄大な景色が一望できる。アレックス・プレガーの写真はオーナーのモダンアートコレクションのひとつで、インダストリアルな素材感も一味違った印象に。

5.

ARTIST'S RETREAT

アーティストの隠れ家

繊維工場

Como, Italy
イタリア、コモ

建 築家マルコ・ヴィドは25年間建築の世界に身を置いたのち、新たな表現方法として絵画へと軸足を移した。彼は現在、ほぼ毎日絵を描いており、建築の仕事に充てているのは週に1日だ。粋な街ミラノの郊外に建つ古い繊維工場の一角。独特な雰囲気のあるこの住居兼仕事場のロフトは、芸術を極めるには最適な場所だ。ヴィドにとって、このインダストリアル建築のオープンスペースは大きなキャンバスを置くのに理想的な広さであり、工場時代を想起させる窓からは自然光がたっぷり降りそそぐ。彼は黒鉛、油性、アクリル、ビチューメン*1等、さまざまな塗料を手で混ぜて使う。飛び散った色は壁に残るかつての繊維染料の跡と相まって、ともすると素っ気ない空間を個性的に彩ってくれる。建築家兼画家のヴィドは、この廃虚と化した260㎡の工場を見つけたときは歓喜した。イタリアではまれに見る掘り出し物といっていい。工場時代のたたずまいをできる限り残すため、構造面にはほとんど手を入れていない。床の全面に木製のフローリングを張り、バスルームは半分の高さの壁で囲ったが、コンクリートの天井の梁とアイアンフレームの開き窓はもとのまま。壁も粗けずりのまま、あえて残した。ロシア構成主義*2や合理主義の機能的スタイルを取り入れたヴィドの画風は、このコモの建物にも色濃く反映されており、素朴でインダストリアルな魅力を保ったまま快適な職住空間を実現させた。 (www.marcovido.com)

*1 炭化水素化合物。アスファルトやタールなどの道路舗装用素材
*2 キュビスムやシュプレマティスムの影響を受け、1910年代半ばに始まったソ連における芸術運動

1.　今では廃線となったコモの鉄道近くに建つ1920年代の繊維工場。どの窓からも、存在感のあるインダストリアルな風景や建物群を一望できる。

2.　ミニマルなプラットフォームベッド＊と、2台のサイドテーブル。いずれもパトリシア・ウルキオラのデザイン。ヴィド本人による抽象画の前に置かれている。

＊スプリングのないベッド

3. & 4.　メインのリビングルームと、ベッドルーム、バスルームは、グレーとブラックの石こうボードパネルで仕切られている。よくある建築素材ながらインダストリアルな雰囲気にもなじむため、建物の構造に大きな改造を加えずにすんだ。バスルームの壁は高さを半分にしたため、広々とした窓からの採光も十分だ。

「建築は美しい。でもそれは常にクライアントのための美しさだ。絵画は、自分自身がクライアントだ。この個性あふれる建物のおかげで、私はそのどちらにも情熱を傾けることができる」

マルコ・ヴィド、建築家

5.

6.

5. ステンレスのアイランドキッチンは建物のインダストリアルな雰囲気によくなじむ。光沢のある表面が、アイアンフレームの窓から差し込む光を反射している。長いキッチンテーブルは上質のチェスナット材を使い、ヴィド自身がデザインして手作業でつくられた。テーブルを囲むのは、湾曲したフレームが特徴的な黒塗りのハンス・ウェグナー作 Wishbone chair。

6. 横長のデスクはマリングレード合板＊の特注品で、ヴィドと2人の息子たち用だ。デスクワークにはちょうどよい高さで、大きな窓から差し込む自然光を存分に生かせる配置になっている。デスクの下には、合板を曲げてつくった IKEA の定番デザイン Benjamin のスツールが行儀よく収まっており、工場の機能的な雰囲気ともなじんでいる。

＊腐食に強く、耐水性の高い合板で、船舶用などによく使用される

7. 砂岩でできたステージ状の一角はヴィドのアトリエスペースだ。後ろのコンクリートむきだしの壁には繊維染料が飛び散った跡が残っていて、工場のかつての姿を偲ばせつつ、今ではヴィドの特大キャンバスを引き立てる一風変わった背景となっている。過去と現在を色彩ゆたかにつないでいるといえよう。

8. 工場用の大きな窓の前の床は、ちょっとした図書館スペースだ。窓敷居にはお気に入りのコレクションをディスプレイ。この窓のおかげで年間を通じて日当たりはいいが、冬場は冷たい風も通してしまう。

INTERIOR WINDOWS

内装窓

工場や倉庫特有の広いオープンスペースは魅力的ではあるが、機能的な生活空間を確保するにはパーティションが必要だ。広いスペースを区切っていくつもの空間をつくる場合、新たにできた空間の外壁部分にはたいてい窓がないため、採光と換気を確保するのにガラス窓をはめた内装窓がよく使われる。囲われた一角に光をたっぷり引き込むと同時に、インダストリアル建築特有のオープンプランの雰囲気も維持することができる。ほかの部屋から隔離された一角をつくるのではなく、むしろ家の中のほかの場所との一体感を高め、つながって見せるのが内装窓の利点だ。内装窓は、ドアにガラス窓を1枚はめ込んだだけのものであれ、壁一面のものであれ、それ自体にインパクトがある。金属製の開き窓はもとの工場の窓を想起させる一方、木製の窓枠は伝統的な印象を与えつつも、新たな要素と昔ながらの持ち味をうまく融合させる役割を果たしてくれるだろう。不透明なすりガラスなどを使えば、プライベート感を強めることができ、濃い色のフレームとのコントラストも効果的だ。

◀◀ Mark Lewis Interior Design が手掛けたロンドンのロフトでは、内壁を新たに取りつけ、ガラスのパネルとガラスをはめ込んだドアを配した。この種の内装窓は、メインベッドルームを仕切りながらもオープンプランのような感覚も残せる。コンクリートの天井全体も見渡せる。

1. 19世紀に建てられたブダペストのガス工場。A+Z Design Studio の手によって廃屋から住居へと生まれ変わった。片側からはドナウ川が、反対側からは工業用建物群が見渡せる。片側の壁一面にクリッタル風の窓がはめこまれている。

2. 窓は工場仕様で大きく天井も高いため、部屋には自然光があふれている。見る人の視線をとらえるのは流れるような白いドレープ。ヴィンテージとコンテンポラリーの家具が絶妙にミックスされた内装や、ひときわ目を引くセンターピースの赤いペンダントライトを引き立てるさまは劇場さながらだ。

FLOOR-TO-CEILING　　　　床から天井までの内装窓

都会的な吹き抜けのロフトは、床から天井までの大きな内装窓を取りいれるとインパクトが増す。もとの広さのままで2つの階にまたがる新たな内装空間をつくりだしつつ、住居内のほかの部分には開放感を残せる便利な方法だ。1階部分では、横一面の窓の一部を、ガラスをはめ込んだ開き戸や引き戸に変えることもある。一見シームレスながら、通路を確保できる便利な工夫だ。他方、床から天井までの内装窓は2階や中2階部分をほどよく隠す効果もある。上部階に新たにつくられた部屋からは、アパートメント全体が見渡せる。

3. Gervasoni製Grayのダイニングテーブルの上には、光沢のある黒のPrandina製Notteのペンダントランプが3つ。見る人の目を自然と旧工場の吹き抜けの窓へと誘導する。ダイニングテーブルを囲むのはあえて不揃いにした椅子の数々。どれもその「個性」ゆえにセレクトされたものばかりで、この空間を見た目にも楽しいものにしているが、ここでは窓が主役であることに変わりはない。

4. 2階のホームオフィスからは、壁一面の窓越しに下のベッドルーム、さらにその先のドナウ川まで見渡せる。窓は再利用されたもので、過去の遺産を現代へと見事に引き継いでいる。シンプルな架台式デスクは、工場の雰囲気にもぴったりで、シンプルなヴィンテージのスクールチェアとプルーヴェ作のVitra製キャビネットとも相性がよい。表面の白が部屋を一段と明るく見せている。

5.

BLACK-FRAMED　　　黒枠の内装窓

黒いスチールフレームの窓割りを用いると、古い工業用建築物の改修住宅が持つ上質感を保ちながら、建物の奥まで光を効果的に取りこめる。黒枠が圧迫感を与えていないのは、広い面積にわたって大きな窓ガラスを支えているスチールフレームが細いからだろう。むきだしのレンガをすべて白く塗り、モノトーンの色調にしたことで、内装窓の魅力が一層引き出されている。

5. メルボルンのフィッツロイ郊外にある、かの有名なマックロバートソン・チョコレート工場を光あふれる家族用住居に改装したのは、同地に本拠を置くArchitects EAT。もともとの構造から大きく変わったのは、スチールフレームの内装窓。これにより、建物全体に太陽光が降りそそぐようになった。

6. メインバスルームの天井から床まで、しかも横幅いっぱいに内装窓がはめこまれているため、細長い空間が明るく、風通しよく見える。ともすると建築当時のレンガ壁がごくわずかに残るだけのこのスペースも、黒枠の効果でインダストリアルな美しさを放っている。ガラス屋根の急勾配を強調する効果もある。

7. この洗練された書斎は、1890年代に建てられた旧キャビア倉庫の中にある。2005年に改装された。

8. Dash Marshall design studio は、このロフトの歴史に敬意を表し、キャビアメーカーの幹部の執務室を再現した。

9. ニューヨークにあるこのロフトでは、ガラスをはめ込んだドアとすりガラスの窓が、プライバシーを確保すると同時に、建物のほかの部分とのつなぎ役ともなっている。

WOOD-FRAMED　　木枠の内装窓

窓枠やドア、建具類を木製にするとたちまち空間が昔ながらの雰囲気を醸し出す。木の感触は、薄くオイルを塗ってあったり、ペイントされていても、インダストリアルな特徴とマッチする。木製の窓枠が木造梁や木骨柱、フローリングを引き立て、真ちゅうなど伝統的な取り付け具を用いると、洗練された空間を演出できる。

1.

2.

美しき折り戸

印刷会社

London, UK
イギリス、ロンドン

　　　ザ・ファクトリー　は、ロンドンの倉庫コンバージョン物件のごく初期のもののひとつであり、ニューヨークにあったアンディ・ウォーホルのいわくつきのアートスタジオ「ザ・ファクトリー（工場）」から開発業者がその名を取ったという。エドワード朝時代の印刷会社だった建物で、1999年に住居として改修されるまでは大英博物館の倉庫として使われていた。売りに出されたとき、内部は建築当初のものとは異なっており、現在のオーナーは使い勝手の悪い内装に手を加えなければならなかった。彼はフレキシブルな生活空間をつくるとともに、趣のあるたたずまいを再現したいと考えた。また、建物全体に再利用素材を使うことにもこだわった。オーナーは以前、古物商のマーク・ロチェスターからヴィンテージの工業用ライトスイッチを購入したことがあったため今回もロチェスターが掘り出し物を見つけてきてくれるだろうと確信していた。何か月もかけて、2人は家具や内装品を選んでいった。教会で使われなくなったアンティークのガラスの折り戸は、仕切られた居住スペースにも光を通せるという点で、改修時の重要なアイテムになった。ベッドルームとリビングルームの木製フローリングは、既存のものを継続利用。それ以外の部屋の薄板状の木製フローリングは剥がされ、6か月かけて、別の古い工場で見つけたパイン材のフローリングに張り替えた。建物自体が古いため、金属性の導管はレンガ壁の上を通さなければならなかった。20世紀初頭の壁付灯やスイッチが統一感をもたらしている。

3.

「ヴィクトリア朝のガラスつきドアはさまざまな可能性をもたらしてくれる。
部屋ごとにインテリアを変えることもできるし、空間を開け放つという
フレキシビリティも確保できる。ヴィンテージな雰囲気を醸し出すことにも一役買っている」
マーク・ロチェスター、インテリアデザイナー

1. 細長いアパートメントの両端にあった大きな窓を改造し、ヨークシャー地方のメソジストチャペルで使われていたパイン材のガラスつきドアを取り入れて、いくつもの居住スペースにつながる間取りとした。キッチンとバスルームに段差を設け、レイアウトに変化をつけている。

2. ガラスつきドアを折りたたむと、リビングルームとバスルームをつなぐことができる。こうして開け放てば、19世紀末のフランスの亜鉛製バスタブから、白い壁に映し出した映画を楽しめる。ドアに取りつけた隠しブラインドを下ろせば、プライバシーの確保も万全だ。

3. バスルームと脱衣所の裏側がちょうどキッチンの壁のへこんだ部分にあたる。長いアイランドにはヴィンテージの小物用カウンターを転用し、古いGlenister社製のドラフトマンチェアがバースツールとして置かれている。ランカシャー地方の学校から持ってきたヴィクトリア朝の黒板は、ショッピングリストを書きとめるのにちょうどよい。

4. 20世紀初めのメタル製の証書箱。当時のクライアントの名前が印字されており、一風変わった収納棚となっている。

5. スライドドアと真ちゅうの取っ手のついたガラス戸の図書館用ブックケースは再利用品。換気扇の位置に合うように修復された。

6.

6. ベッドルームにある大きなスチール製キャビネットは、フランスのStrafor社製。工場の靴箱として使われていたものかもしれない。近年、この手の金属製家具ユニットは、収納としてだけでなく、背の低い間仕切りとしても使われる。中央部が回転窓となっているメタルの窓枠とも相性がよい。

7. 着替え用の部屋にはヴィンテージのSinger製ミシン用スツールが置かれ、その右手にある、織物商が使っていたヴィクトリア朝のキャビネットには、服や靴が収納されている。マホガニーの書庫用ラダーは、この部屋とバスルームを、小さな間口を通ってしか入れない上部の隠れた寝床へとつないでいる。

「ほぼすべてを古いもので統一したことによって、空間に魂が宿ったような感覚を覚える。折り戸は、この広いロフトの中にいくつもの隠れ家的空間をつくりだしている」

ポール・オールトン、ホームオーナー

1.

インダストリアル様式をそのままに

家具製造工場

London, UK
イギリス、ロンドン

インテリアデザイナーのマーク・ルイスがロンドンにある古い家具製造工場の186㎡の空きスペースの改修を依頼された時点では、本格的なインダストリアルスタイルを残した、ラグジュアリーな2ベッドルームのアパートメントをつくるという話だった。1980年代の木製フローリングの下のビチューメンを剥がしてみると、もとのヴィクトリア朝の床板が現れ、苦心して再生し床に敷きなおした。頭上ではコンクリートとスチールパネルの天井が未加工の素材ならではの美しさを放つ。この工場固有の特徴と大胆な構造はルイスのオープンスキーム─空間をあえて仕切らない手法─があってこそ活かされている。ポイントとなる内装壁を新たに入れたところでは、天井の高さまである内装窓を通して光を取り込めるとともに、独特な仕上がりの天井が見渡せる。無駄を省いた美しさとシンプルな色調は、この建物の特徴─再利用された屋根板、クォーリータイル*、亜鉛メッキの導管など─の質感をより一層引き立てている。そこではこの建物が積み重ねてきた歴史のようなものが感じられる。むきだしのレンガ壁やコンクリートといったインダストリアルな要素と対照をなすのは、磨かれた大理石や高純度の真ちゅうやブロンズの金物類が醸し出す洗練された質感だ。パントリーに気候制御機能をつけるなど、最新の要素も取り入れているが、何よりも印象的なのは、ファッショナブルな若者の街ホクストンの中心部で、あえて昔風のライフスタイルを持ってきてヴィンテージの上品な風格を実現したことである。

(www.marklewisinteriordesign.com)

＊頁岩と粘土を混ぜて焼成した、光沢のない床タイル

2.

1. オープンキッチンは、レンガ壁に昔の塗料の跡がまだ残っているなど、使いこまれた印象だ。特注品のキャビネットはカラーラ大理石のカウンタートップで仕上げられている。ヴィンテージの木製ポットカップボード*はセラミックのシンクの土台にぴったりで、Aston Matthews製の真ちゅうの水栓もシックな仕上がりだ。古い搬出口のドアは蝶番をつけなおし、今は折り戸となっている。

*イギリスでティーセットを入れておくために使われていた小ぶりな家具

2. 昔ながらのパントリーがあれば、キッチンは散らからないはずだ。白いサブウェイタイルを張り、鋳型ブロンズの棚受けに再利用の木製棚をつくりつけて、ポットやフライパンや食料品を載せている。気候制御機能はワインの保管に最適だ。

3. 工場のコンクリート製の天井にサンドブラスト加工を施し、長年の塗料の跡を取り除き、スチールの梁をあらわにした。天井をつくったときの木材の表面の印影は、素材に上質感をプラスしている。オープンプランのレイアウトと内装窓の効果で、この天井は家のどこからでも眺められる。フローリングの下から見つかった古い梁を利用してフローティングシェルフをつくり、光を遮ることなくアパートメント内部を仕切っている。

4.

「私たちは、かつて工場だった建物のありのままの質感と本来の構造をあらわにし、活かす工法を採用した。シンプルで愚直な美しさは、ここが仕事場として紡いできた歴史の証だ」

マーク・ルイス、インテリアデザイナー

4. インダストリアル風なリビングルームとは対照的に、ベッドルームはベルベットのカーテンとサイザル麻のフローリングを取りいれ、リッチで洗練された印象だ。古い鋳鉄のラジエーターが、建物のかつての姿を連想させる。Dowsing & Reynolds の壁付灯が、上品なブルーに彩られたシンプルなさねはぎの壁を照らしている。

5. ロバート・キームの伝統的な柄の壁紙がベッドルームにあたたかみをもたらしている。奥の壁には古い貨物用エレベーターがウォークインクローゼットとしてうまく再利用されている。古いドアは左右に開け広げられるようし、ロンドンのパブから持ってきた特大サイズの真ちゅう製の取っ手が男性的な仕上がり感をプラスしている。

6.

7.

8.

「建物固有の特徴も残しながら
居心地がよくて思わず
引き寄せられるような家。
そんな家が欲しかったんだ」

ホームオーナー

6. Drummonds製のシャワーは、特大シャワーヘッドと昔ながらの蛇口つき。どちらもメインバスルームの主役級だ。23㎝のウェールズ産のクォーリータイルが再利用されているのはバスルームだけで、ほかの部屋とは一見して異なる雰囲気を醸し出している一方、一体型の木製シャワー床部ほかのフローリングとほどよく調和が取れている。

7. 堅木の便座を配したトイレは、このスペースにぴったりはまるように設計された。この延長線上のベンチには、トイレットペーパーや雑誌類のための隠れた収納スペースもついている。トイレの内側の新しい壁はレンガ風タイルでつくられ、この工場にもともとあったレンガ壁とうまくマッチしている。

8. この窓の前にあると、Aston Matthews製バスタブは最高に引き立つ。窓はごくわずかな修復だけ施され、金物はFrank Allart製のブロンズのものに新調された。シンプルな白い巻き上げ式ブラインドは、過度な装飾を排したこの窓の美しさにぴったりだ。Flits Fryerの壁掛けランプは、かさを取ってインダストリアル感を演出した。

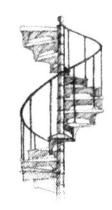

STAIRS

階段

昔の工業用建築物の改修が難しい理由のひとつは、床から天井までが非常に高いということだ。コンクリートの床やむきだしのレンガ積みなど、建築当初からの素材の外観を損なわないようにするのも困難で、重要建造物に登録されている建物の場合は特に注意が必要だ。格段に大きく、歴史を感じさせる建物を居住用に改修する際には特別な工夫が求められる。建築家はクリエイティビティを発揮するひとつの手段として、もとの特徴とはあえて異なる現代的な手法を使おうとする。階段は飾りのないものであれ、凝ったスタイルのものであれ、単にひとつの階から上に上がるための手段以上の意味を持つ。カンチレバー*のものやらせん状のもの、段や手すりがシンプルなものや装飾のあるものなど、大きさや形や仕上げに関しては、決めるべきことがたくさんある。建物の歴史を語るのであれば、インダストリアルな素材や改修工程を参照するといい。2階、さらには3階の吹き抜けの空間では、各階を結ぶ階段がまさに主役級の役割を果たす。階段は狭い空間であっても、古いものと新しいもののかけはしとなってくれるだろう。

*片持ち梁。梁の一端のみが固定されている構造

◀◀ フランス、ミュルーズにあるかつての軍需工場は、オンラインストア La Cerise sur le gâteau の創業者アン・ユベールの自宅だ。スチールの階段は建築家フランソワ・ムラッキオーレの設計で、ロフトの大きさとインダストリアルな美しさを強調するデザインとなっている。

SPIRAL

らせん階段

らせん階段は何世紀も前に編み出された空間節約の手法である。狭い空間にもフィットするうえに、支柱なしでも立つ構造なので、つねにフロアスペースを最大限利用することができる。らせんの形状で、くさび形をした各段が縦に通る中心軸にしっかりと固定されており、さまざまな素材でつくることができる。

1. サンフランシスコのミッション地区にある1930年代につくられた工業用建築物。もとはLucky Strikeのたばこの倉庫だったが、のちに自動車修理店やソフトウェア会社の社屋となった。2006年、アーティストのクライヴ・マッカーシーがこの929㎡の倉庫を買い取り、Natoma Architectsに改修を依頼した。そびえたつようならせん階段は、屋根からつり下げられ、コンクリートの床から浮いているような造りで、圧倒的な存在感を放っている。

2. 建物本来の特徴を復活させるため、1990年代に増築された部分は取り除かれた。今では、古くて粗削りな部分とその後の改修で手を入れた滑らかな部分とがほどよく調和している。2階全体を囲む通路にはパンチングスチールの欄干を配し、ワークスペースと居住空間をつないでいる。中央にぽっかり空いた空間は非常にインパクトがあり、この建物の大きな特徴となっている。

3.

4.

SCULPTURAL

彫刻的な階段

工業用建築物の改修は、規模の大きさが最大の特徴といえる。広さのある空間では、シンプルな彫刻的フォルムが特に効果的だ。強いラインをピンポイントで用いたり、流れるような曲線のフォルムを階段のデザインに取り入れることによって、階段を下から上がってくるときの人の動きやそこからの視野にも自然と変化が生まれる。

3. シドニーで人気のパディントン郊外にある古い倉庫の改修では、すっきりとした階段が取り入れられている。Baker Kavanagh Architects がデザインしたこの黒いスチール製のIビームの手すりは、建物の中のほかの要素とも好相性だ。

4. & 5. メルボルンにあるかつてのバター工場のロフトは、建築家エイドリアン・アモーレが手掛けた未来志向の改修物件で、上へと滑らかな曲線を描くモダンな階段は彼の発案だ。スチールを合板と石こうで覆ったもので、現場の試行錯誤の中で生まれた。

5.

6.

U-SHAPED

U字形階段

U字形階段とは上下の階の間で2つの階段が平行して設置されているもの。この2つは中間の踊り場でつながっている。左寄せでも右寄せでも、あるいは、複数階にわたっても設置可能なこのタイプの階段は、2つ以上あっても、一体化してひとつの印象的なデザインとなる。U字形の技法を用いると上の階は必然的に見えなくなるため、下の階と切り離され、上の居住空間のプライバシーを確保できる。

6. 昔はビールの醸造所だった建物で、1900年代のものらしい。Chris Dyson Architectsは、地下室を横に拡張してオープンなリビングスペースをつくり、3階分の高さの吹き抜けにした。

7. ロンドンにあるユニークな改修例。上から吊り下げられた暖炉の細長い煙道と壮観な黒いスチールの階段が、むきだしの赤レンガの壁とあいまって、天井の高さを強調している。

9.

MINIMALIST

ミニマルな階段

シンプルイズベスト。そういう時もある。すっきりとした階段は凝ったデザインにも負けない力強さを感じさせる。黒いスチール素材はレンガやコンクリートの空間との相性が抜群だ。現代的な要素が、昔風の特徴や人目を引くシルエットと好対照をなしている。一方で、装飾を排したミニマルなデザインを実現するには技術的なハードルが高く、デザイン上の制約も多い。スチール素材は、折り曲げたり溶接したりして重量感を感じさせない繊細な仕上がりにしても、素材本来の構造的な強さは失われない。

8. コンクリートとレンガとスチールがうまく融合している。非常に薄い黒のスチール製階段は、横から見るとあたかも1枚の平面であるかのよう。手すり部分は分厚くなっており、もとのレンガ壁には手を加えていない。

9. アムステルダムにあるギヤホイールの修理工場だった建物では、シャープなスチール階段が2階から1階へと折り紙を広げるように展開していく。メタルの踏み段とけあげ板が、部屋上部のIビームと素材的にリンクしている。丈夫な金属でできているとは思えないほどの、華奢で軽やかなデザインも印象的だ。

1.

ファミリー向け

両大戦間の工場

London, UK
イギリス、ロンドン

ンドンのイーストエンド中心部にある、大きな3階建ての家族用アパートメント。両大戦間の時期につくられたJackson & Josephの工場内にある。1990年代に改修が行われ、しばらくアーティストのトレイシー・エミンのアトリエとして使われた後、現在のオーナーに買い取られた。夫婦2人と子ども4人の家族用に収納スペースをたくさん設け、遊び心もプラスした機能的な空間を目指しつつ、建物特有の素朴な雰囲気も損なわないよう配慮した。細長い中庭を通って入る1階のエントランスは、スチール枠の窓が特徴的だ。地下のキッチンは拡張され、開放的で居心地のいい空間へとつながる構造に。2階の長い廊下にはVitsœの棚を配置し、デッドスペースだった空間が、子どもたちの勉強部屋として活かされることになった。前庭を見下ろすベッドルームは2つに仕切られ、ベッド下が収納になった特注の子ども用ベッドをうまくレイアウト。メインベッドルームはつくりつけのワードローブ、トイレ、シャワー室を備えている。建物にはインダストリアルな特徴を印象づける要素が2つある。ひとつは空間に統一感をもたらしている樹脂コーティングのコンクリート床。スマートで実用的ながらも、床暖房で適度な暖かさを保てる。もうひとつは3つの階をつなぐ新しい階段で、合板の被覆加工とリボン状のスチールの手すりが上品だ。エミンのファンなら、この階段横の壁にエミン本人によるクレヨンの落書きを探すのも楽しい。

(www.chrisdyson.co.uk)

3.

1. 玄関ドアとスチール枠の窓を通して、広々とした空間が光で満たされている。つやのあるコンクリート床の効果で、明るさが増して見える。

2. 地下にある広いキッチンは拡張されたが、改修はごく限られた部分にとどまった。合板仕上げの階段のインパクトを和らげるため、あえて淡い色の木の家具をセレクト。

3. インダストリアルスタイルの階段は、合板の踏み段とけあげ板に、細いスチールの小柱と手すりを組み合わせた。そばに固定されているスチールの柱は白くペイントされモダンな印象だ。階段の素材とコンクリート床のコントラストも心地よい。

4. & 5. 1階部分には3つの建具がある。使い勝手のいいウォールパネルと、奥には来客用の折りたたみベッドとキャスターつき書斎だ。居住空間の中を簡単に移動できる。

「子どももいるし、
おもてなしの機会も
多いので、フレキシブルな
オープンプランの家族用の
家を探していた。
白い壁は空間を
広く見せてくれるし、
コンクリートの床は
この建物の
インダストリアルな
特徴を際立たせている」

ホームオーナー

4.

MEZZANINES

中2階

工場や倉庫の造りは、ほかの公共の建物と比べるとかなり大きい。大きな機械類を設置したり、商品の保管場所を十分確保するため、フロアスペースは広く、天井は高くしなければならないからだ。がっしりとした工業用建築物を居住用に改修する際、建築家にはやり方が2つある。吹き抜けを設けるなどして空間の広さを活かすか、広いスペースを切り分けて、居住用に適した小さめのものにするか、である。ある意味、中2階は建築上の妥協点といえる。プライベートかつ実用的なスペースを確保しつつ、古いインダストリアルな物件特有の広々した造りを活かして、オープンプランの雰囲気を維持できるからだ。ベッドルームやリラックスの場所、仕事場、ときにはバスルームに充てられることもあるこの部分には、階段から出入りし、ほかの部屋から孤立しないように、スクリーンや窓で部分的に囲ったり、手すりを張り巡らすだけにする場合も多い。中2階からは家全体を見渡すことができるが、それでいてメインの居住空間にありがちな騒々しさからは一線を画している。それ自体、ある種万能な建築的工夫といえよう。

◄◄ パリ9区にある、かつてメリーゴーランドの木馬の修理工房だったこの家には、現在、2人のファッションデザイナーが住んでいる。オフィスだった部分は今、キッチンとして使用されているが、その上に位置する中2階は古いレンガ壁とのバランスを考えて黒くペイントされている。

1.

2.

FREESTANDING　　　　自立する中2階

1. Firm adn architectures は、ブリュッセル近郊のかつての靴工場の建物の内部に、自立したタワーを2つ設けた。空間全体の広さや粗いコンクリートの天井はそのままに、内部に新たな空間を生み出している。

2. 1階のランドリールームとバスルームにはドアがあるが、スチールの階段を上がったタワー上部にあたる中2階では、パンチングメタルのスクリーンで代用し、プライバシーを確保しつつも光を取り込めるようにした。ベッドルームやオフィススペースとして使われており、天井との間には空間を持たせた。

レンガ壁やコンクリートの天井、木製トラスといった独特の特徴を持つ建物、特に重要建造物として保護の対象となっているものでは、支えのいらない自立構造が有効な改修手法となる。吹き抜けの空間をめいっぱい使ったオープントップのタワーでは、1階に居住用の小さな区画、さらにその上にプライベート利用の中2階を設け、ロフトアパートメント全体を360度見渡すことができる。

MINIMALIST

ミニマルな中 2 階

ミニマルデザインの中 2 階は、明るさと広さの効果で工業用建築物をモダンに見せる。同時に、建物本来の特徴を活かすことが一貫したコンセプトであり、高いところから全体を見下ろせるようになっている。手すりなども無駄をそぎ落としてラインをシンプルにし、素材や質感も控えめにすることで、中 2 階部分はまわりのインテリアに溶け込んでいる。

3. Airhouse Design Office は日本の養老にあるこの改修倉庫の中心部に大きな白いボックスを入れた。ライム色にペイントされたバスルームとパープルのメインベッドルームがある。

4. 子ども部屋として使われている中 2 階は、アーチ形の高い天井に対しオープンとなっている。その下の家族用の広いリビングルームは、かつての構造的特徴を最大限活かしたものとなっている。

O SOLO MIO

5. ロッテルダムの港沿いに建つ工業用建築物の改修物件。一段高くなったメタルの通路があり、バスルームのあるオープンな中2階へと通じている。白のサブウェイタイルと再利用の木材が、もともとあった滑車やIビームとうまく調和している。

6. & 7. Tumblr創業者、デイヴィッド・カープの住まいは驚くほどローテクだ。ニューヨークのウィリアムスバーグにある古い倉庫改修住居は、ハイテク企業家のカープにとって、安らぎの隠れ家なのだろう。担当したGachot studioは、もともとあったレンガとコンクリートの部分からフルリノベーションに着手した。中2階には、部分的に囲われたベッドルームがあり、さらに、独立型のバスタブからは下のロフトが見渡せる。スチールのレールはかつて工場だった頃の姿を思い起こさせる。

7

METAL

メタルの中2階

昔の工業用建築物の構造的特徴を際立たせる素材といえば、黒色化鋼板と鋳鉄だろう。メタルのレールや手すりは、亜鉛メッキの導管、Iビーム、柱、メタル製の窓枠などとの相性が抜群だ。丈夫なメタルのレールで仕上げた中2階は、工場によくある荷積み用の通路を思わせる。

BRILLIANT BROWNSTONE

すばらしきブラウンストーン

酒類倉庫

New York, USA

アメリカ、ニューヨーク

　　ず驚くのは、1301㎡の3階分の住居を所有する現オーナーがこの物件を丸ごとイーベイ*1で購入したことだ。破天荒な購入劇の後、業界大手のODA New Yorkがこの19世紀の倉庫を3つの個性あふれるアパートメント——5つのベッドルームを備えた3階分を占める住居と、通りに面した店舗を含む——に改修した。この5階建ての倉庫はいわゆるトライベッカ・ノース・ヒストリック地区の、幅わずか7.6mの細長い敷地に建つ。もともとは酒屋のジョゼフ・H・ビームスが1892年に発注した物件で、建築家ジュリアス・カストナーがデザインを担当。カストナーはその後ビームスのためにいくつも倉庫をデザインした。ロマネスク・リバイバル様式のこの倉庫は、ピスタチオを扱う豪商やアーティストの所有を経て、一時は荒れ放題になったが、ODAは美しいテラコッタとブラウンストーンのレンガの外観を丹念に修復。テラコッタのモールディング*2を施したラウンドアーチ形の窓や、装飾的なコーニス*3、葉の模様の飾り文字などは昔のままだ。歩道側にあったアーケードは取り壊され、鋳鉄の正面が復元された。また、建物の片側にあった金属製の防火シャッターと同じものを反対側にも取りつけた。屋上に建て増ししたペントハウスは、古い時代のニューヨークの倉庫やインダストリアルな建物によくあるエレベーターや階段の屋上出入り口などからインスピレーションを得てつくられた。トライベッカ地区に建つこの古い建物は、立ちはぜ継ぎ*4の亜鉛や、スチール製の窓やレールといったモダンな要素がプラスされて輝きを取り戻し、再びその栄華をきわめている。

(www.oda-architecture.com)

*1 世界最大級のオークションサイト
*2 長い形状の装飾的な表面仕上げの建材
*3 洋風建築で、壁の上部や各部を区切るための帯状の装飾
*4 屋根葺き工事などで、金属板を継ぎ合わせる方法の一つ

1. ODA New York は、ニューヨーク市歴史建造物保存委員会の指導にもとづき、既存のレンガ造りの隔壁を拡張。これで、ヒューバートストリート10番地の屋上に増築した93㎡のパビリオンは通りからは見えない。

2. スチールとすりガラスの通路など新たに増築された部分は、この建物の歴史的な背景、とりわけ、19世紀のトライベッカ地区で主流となっていたキャストアイアン建築の特徴を想起させる。

3. ひときわ目立つスチールの通路がリビングルームを囲い、ライブラリーとして機能している。内部のレンガ壁はほとんどもとのままで、わずかな修復加工を施したのみ。いまや、この印象的な吹き抜けの空間に身を置いているときこそが至福の時間だ。

「工業用建築物としての歴史ゆえだろうか、
ペントハウスには男性的な雰囲気がただよう。スチール、ガラス、木、
そしてトーンを抑えた色使いに、本物だけが放つ美しさが息づいている」

エラン・チェン、ODA New York

4. ベッドルームは、リビングルームの雰囲気とは大きく異なり、かなりの部分が漆喰で塗られ、白でペイントされている。レンガ壁がビジュアル的なおもしろさと独特の質感や色調をプラスしているほか、再生木材でつくられた窓際の腰かけもこの空間を引き立てている。

5. スチール枠のシャワーブースは、まわりを囲む上品なグレーの大理石とは趣を異にし、ペントハウスに取り入れたインダストリアル風の窓に似せてつくられた。

6. 1892年に建てられたこの酒類倉庫の特徴は、多数の梁を用いた天井だ。壁一面の窓は伝統的なクリッタル風で仕上げ、ダークな色目の木製フローリングが年代ものの木材を上手に引き立てている。

7. ペントハウスには、ガラスをはめ込んだ天井まである折り戸を用いることで、自然光が最大限取り込めるようになっている。開け放つと、部屋の内部と広いルーフテラスが一体化する。テラスから遠くのほうに目をやると、近代的な高層ビルと昔ながらの工業用建築物が隣り合って並ぶさまが見渡せる。その様子は、モダンな要素が融合されたこの改修住居のたたずまいとどこか重なり合う。

1.

中2階のドラマ

おもちゃ工場

London, UK
イギリス、ロンドン

写真家ディーン・ロジャースは、ロンドン東部のクラプトンにある倉庫物件の改修を Sadie Snelson Architects に依頼したが、この物件には改修以前にさまざまな問題があった。部屋が細分化されていて居住空間として使い勝手が悪かったし、暗くよどんだ感じで風通しも悪く、窓の結露もあり、湿気のせいで改修工事もままならない。建築家チームは、部屋を仕切っていた壁のほとんどと床の一部を取り除き、まずはまっさらなところから改修に着手した。すると、またたく間に、かつてのインダストリアルな姿を彷彿とさせる、大胆な吹き抜けのオープンプランの居住空間が生まれた。その広い空間の一方の側には、家で仕事をすることの多いロジャースのために、オフィスなど小ぶりなプライベート

ルームをいくつか組み込んだ。しかし、この改修スキームの「主役級」の特徴といえば、存在感のある中2階だろう。コンクリートのアイランドを備えたモダンなオープンキッチンがその下の奥まったところにつくられた。上の部分はもともと支えにしていたスチールの柱をはみ出すようにしてリビング・ダイニング部分の上にせり出しており、アシッドウォッシュメタルに覆われた独特な構造が目を引く。この中2階部分は横の柱とは異なり、天井から棒でつるしてあり、下から固定するようにはあえてしていない。劇場の舞台を見下ろすロイヤルボックスのような構造で、この職住兼用住居のひとつの見せ場といえよう。クリエイティブなオーナーにはうってつけの演出だ。

2

1. Sadie Snelson は古い工業用建築物を引き立てるため、白いタイル張りのキッチンに新たにコンクリートのアイランドを設置した。成形は、この改修工事の施工業者でもあるクライアントが担当した。

2. 改修工事全体を通じて、素材や仕上げ方法には、建物のかつての姿を想起させるものが選ばれた。むきだしの漆喰の壁はあえてペイントしていない。スチールのIビームは家の広さを際立たせている。

3. 新しいクリッタル風の窓は内部の天井の高さをより強調し、自然光をたっぷり取り込みつつも、プライバシーはしっかりと確保している。写真家であるオーナーの自宅内オフィスは、1階の天井まである窓の向こうに仕切られており、下のほうには型板ガラス*を配している。書斎のドアは、天井まである間仕切壁とうまく調和している。

*ガラス板の片面に型模様をつけ、光を通し視線を遮るガラス

4.

5.

「新しく何か加える際には、
この建物にもともとあった特徴とは
異なるもの、それでいて伝統的な部分とも
違和感なくなじむものを選ぶようにした」

サディー・スネルソン、建築家

6.

4. 折り目をつけたようなスチールの階段と手すりは特注品で、横から見ると細い線画のようだ。素材が持つ頑丈な特性は、見た目の繊細さからは想像もできない。

5. 部屋の中の新しい窓割りは、もとの黒いスチール製の倉庫窓に似せてつくられた。プライバシーを確保できるだけでなく、吹き抜けのリビングを上から眺められる。

6. バスルームにはシャワーが2つ。古くから公衆浴場に使われていたモロッコ発祥の防水性漆喰素材タデラクトで仕上げられている。まだらのグレートーンは、この建物全体を彩るサーモンピンクの壁と絶妙なコントラストをなしている。すりガラスの内装窓は、バスルームを仕切る役割を果たしつつ、オープンプランの間取りから入る自然光も通す。

URBAN OASES

都会のオアシス

都会暮らしの一番の難点は緑が少ないことだろう。その少なさといったら、電車やバスでめったに空席がないのとどこか通じるものがある。しかし、どんな工業用建築物でも工夫次第で個性あふれる住居になるように、建築家やホームオーナーは都会の真ん中でも、大小さまざまな形で緑をうまく取り入れられないかと策をめぐらす。静かに物思いに浸れるバルコニーから、華やかなおもてなしのための広いテラスまで、その可能性は実に幅広い。ニューヨークの街角のどこから見上げても、ゆたかな緑を見つけることができるだろう。ビル屋上の給水塔の合間に、屋上庭園がひっそりとその木々を生い茂らせているのだ。改修された住居の中には、もともとの敷地の一部を設計しなおして、こぢんまりとした中庭を設けているものもある。色とりどりの花壇やツタが絡む壁、舗装された中庭は、都会的な雰囲気とは対照的だ。郊外では、クリエイティブな建築家たちの手によって、昔の積み荷場などが広い庭としてよみがえったり、かつて活気にわいた建物が、今では癒やしの空間に姿を変えていたりする。

◄◄ ロッテルダムの倉庫ヨブスヴェムで最も魅力的なのがこのテラス。大胆に張り出したコンクリート部分のおかげで、激しい風雨や照り付ける日差しをしのぐことができる。存在感のあるインダストリアル風ドアが建物の内と外をつないでいる。

1.

INNER COURTYARD

中庭

敷地いっぱいに工業用建築物が建っている場合、新たなオープンエアの空間をつくるのは至難の業だ。その点、屋根の一部を取り払って中庭をつくる方法を採用すれば、奥まっているので表からは見えず、既存の外壁の少なくともひとつを植栽の背景として活かせる。もとの建物の骨組みであるトラスも残せる方法だ。

2. 建物の中は、天窓と長いベンチの効果によって、オープンエアのテラスと一体化して見え、内と外の境界を感じさせない。太陽光が降りそそぐ廊下には、柔らかな風合いの赤レンガ壁がむきだしになっていて、アート作品のディスプレイにぴったりだ。

3. 中庭からメインのリビングルームに太陽の光がたっぷりと差しこむ。ミニマルな装飾が部屋を明るく、かつ風通しよく見せる。木製家具と緑のアクセントカラーが、木製トラスと中庭の美しいグリーンに呼応して部屋を彩っている。

1. オーストラリアの改修倉庫。建築会社 bg architecture は苦心の末、トラスなどの古きよき特徴を残したまま、新たに北向きの中庭を完成させた。

5.

4. & 5. Corben Architects が改修にあたったシドニーの空き倉庫。夫婦と10代の子ども3人の家族向け
に、モダンで個性的な住居をつくった。この物件は重要建造物として登録されているため、屋根のトラ
スの保存が義務づけられるなど、いくつかの制約があった。その最たるものは、外部空間に面した外壁
が全体の15%にも満たないこと。トラスの形を活かした新しい中庭は、リビングルームやベッドルー
ムに太陽の光と新鮮な空気を運んでくれる。大きな折り戸を設け、この空間全体を開放できるようにし
た。中庭に光をたくさん取りこみたいときは、リモートコントロールで日よけを収納することもできる。

6. シドニー郊外で人気のサリーヒルズにある倉庫改修住居。もともとの外壁の内側に、新たに内装と外装を設けたような凝った住居に仕上がった。1910年に建てられたこの赤レンガ倉庫は、のちに通運の拠点、政治サロン、ナイトクラブとして利用された。内部が大幅に改修されていることは外側からはほとんどわからないが、インダストリアル風の正面ドアから一歩中に入ると、部屋がいくつも分かれ、それぞれがちょっとしたくつろぎの場所となっている。居心地のよいこのリーディングコーナーもそのひとつだ。

7. アートコレクター所有のこの家の改修では、大切な家具とアートのコレクションを保護しながら、安らげる空間にもなるよう、光や空気の流れ、温度や湿度を調節できるよう配慮した。新しい白塗りの壁はギャラリーのような美しさをたたえている。落ち着いた雰囲気の中庭は、新しいものと古いものがほどよく調和する癒やしの空間だ。

GARDEN

庭

都会はどこも屋外空間が限られているため、かつての工業用建築物を魅力的な家にするには、建築家も想像力を大いに働かせる必要がある。ディテールにこだわることで、歴史的な建物、改修部分、外観という3つの要素がうまく調和していく。その一方で、昔そこに荷積み場などがあったとは想像もつかないほどに形を変えているものもある。

「建物自体がかなり傷んでいたため、
取り壊しも検討したが、クライアントは
このインダストリアルな雰囲気を
維持することにこだわった」

ジョン・クレメンツ、
Jackson Clements Burrows Architects

8. オーストラリアのメルボルンにあったパンメーカー、ゴールデン・クラスト・ベーカリーの建物は、Jackson Clements Burrows Architects が2009年に全面改修した。現在、広い庭の一角に家族用住居がある。庭も含めた全体的な景観の中でこそ、重要建造物は生きてくる。

9. & 10. 橋は、使用頻度の高い2つの居住空間をつなぐ役割と、離れにある個室に思春期の子どもたちが閉じこもらないよう、メインの居住空間と自由に行き来できるようにする社会的な役割も担っていた。晴れた日には、この彫刻的な通路が庭に涼しげな影を落とす。

11.

11. ロンドン東部に1897年に建てられたザ・スプラッツ・ワークスは、かつては世界最大のドッグフード工場だった。住居転用倉庫としてはロンドンで最初の物件のひとつであり、1985年に150もの住居兼仕事場を有するアパートメントに改修された。過去の居住者の中には、王室お抱えのタペストリー修復家や、「スピッティング・イメージ」*のクリエイターであるロジャー・ローなどがいた。現在は、注目のクリエイターたちが集う場になっている。この写真は、居住者のひとりで写真家のデビー・ブラッグの撮影によるもの。

*1984年から1996年にかけてイギリスのテレビで放映されていた風刺人形劇シリーズ

12. ロンドン市内はもちろん、郊外でも、家にちょっとした屋外空間を設けるのが人気だ。ザ・スプラッツ・ワークスには、個人用のテラス、バルコニー、居住者共用の広い屋上庭園があるが、いずれも表通りからは見えない。塀で囲まれた気持ちのよいイギリス風カントリーガーデンには、ブラッグのアパートメント脇のゲートから出入りできる。園芸道具保管用の小屋のある、樹木やバラが生い茂るこの場所は、およそ工場の屋上には似つかわしくない。都会での一日の終わりに訪れたい場所だ。

ROOFTOP

屋上

工場や倉庫の屋上は、貯水など、ビルを管理する目的以外で利用されることはほとんどなかった。しかし近年では、居住者が利用できる共用庭園やプライベートな屋上テラスをつくるなど、興味深い改修事例も出てきている。建物の上のオープンエアの空間からは街全体が一望でき、静かに物思いにふけったり、おもてなしをしたりするのに最適だ。それでいて、表通りの喧騒からは一線を画した、ひっそりとした空間となっている。あたたかい夏の日や夜空が美しい静かな夜に訪れたい。

13. ニューヨークの空を背景にあちこちに見えるのは、高層ビルの屋上にある給水塔だ。6階建て以上の建物では通常、十分な水圧を確保するため、（木製）タンクを設置しなければならない。屋上から見えるタンク群の眺めは圧巻だ。

14. 不動産デベロッパーのマシュー・ブレッソウは、建築家のアンドレア・スティールとジョエル・サンダースと組んで、ロウアー・マンハッタンにある自身のペントハウス（広さ297㎡にベッドルームが2つ）の上に204㎡のエコフレンドリーな庭をつくった。ペントハウスの屋上出入り口にかかる通路にはハーブや野草が植えられ、高さ3mの瞑想用スポットにつながっている。ここからは360度の景色を堪能できる。

15. 屋上のウッドデッキには、丈夫なイペ材*を使用。オープンエアのシャワーのシルエットも、周囲のインダストリアルな雰囲気とうまくなじんでいる。ステンレススチールのキッチンのそばには居心地のよいベンチシート。夏場のおもてなしには理想的なしつらえだ。風に揺れる草木が外壁の圧迫感をやわらげ、都会の真ん中に緑のオアシスをつくりだしている。ノウゼンカズラの木は、プロジェクターのスクリーンの背景にちょうどよい。だが、ゲストたちが目を奪われるのは、ここから見えるニューヨークの街とイースト・リバーの景色に違いない。

*ノウゼンカズラ科の広葉樹

15.

17.

「1913年に建てられた旧倉庫ヨブスヴェムは、国の重要記念物だ。
居住用に改修する際には、内装も外観も本来の特徴を損なわないようにする必要があった」

ロバート・ウィンケル、Mei architects and planners

BALCONY バルコニー

都会では、大きさの大小にかかわらず屋外空間が人気だ。小さなバルコニーですら、アパートメントの雰囲気を一変させる効果がある。工場や倉庫だった建物の改修では、かつて搬出口だった部分を広いテラスやバルコニーにし、安全のために手すりを新設する例がよく見られる。窓を増やしたり大きくしたりしてスチールフレームのバルコニーを増築し、建物に漂うインダストリアルな雰囲気と調和させるのも一案だ。バルコニーを彩る花や家具類が、頑丈なコンクリートやレンガやスチールの質感と対極的で興味深い。

16. ロッテルダムのロイド・ピア埠頭に建つヨブスヴェム倉庫。積層工法*など、当時最先端だった建築技術を取り入れ、コンクリートの回廊や搬出口も備えている。このデザインのおかげで、保管されている商品を風雨から守ることができた。

*構造体や外壁等を1階（1層）ずつ完成させてから、順次上階に着手する工法

17. 2007年にヨブスヴェムの改修にあたったのは、地元の建築会社Mei architects and planners。この建物は、いまや200人以上の居住者を抱える立派なコミュニティだ。個性的なたたずまいの決め手となっているのは、重たい搬出用ドア。建物の表と裏にある広いバルコニーにもインダストリアルな雰囲気をもたらしている。

1.

HANGING GARDEN

空中庭園

キャビア倉庫

New York, USA
アメリカ、ニューヨーク

ニューヨークのトライベッカ地区にある、かつてのキャビア倉庫は、地元の建築会社 Andrew Franz Architect にとってインスピレーションの宝庫だった。最上階の279㎡のロフトは広いくつろぎスペースとして全面的に改装され、当初からの特徴はそのままに、屋外と一体化したデザインとなった。この倉庫は1884年に建てられたものだが、アーチ形の窓、むきだしのレンガ壁、木の梁といった構造的な特徴は健在だ。ヴィンテージ家具とインダストリアルな雰囲気が絶妙なコントラストを描く。新しく設置されたキャビネットやメタルを加工した雑貨などは、地元の職人によるカスタムメイド。特注品のスチール階段の踏み板は、屋根の梁の木材を再利用してしつらえたもので、中2階へと続いてい

る。部屋の内部に中庭が埋め込まれたように見せるため、中2階はこの位置に移設してガラス窓で囲った。この空中庭園のガラス屋根は格納式で、階段をさらに上った先には屋上テラスがある。草花が色とりどりに咲くこの場所では、ニューヨークやハドソン川の景色をこころゆくまで堪能できる。空中に浮かんだこのサンクチュアリは、メインリビングに屋外の要素を取り込むことに成功したという点で、建築上の大きな成果だ。14㎡の格納式天窓を通して、かつては暗く風通しの悪かったこの部屋に、新鮮な空気と自然光がたっぷりと入るようになった。夜になると、空中庭園は淡い光に照らされ、まるで緑ゆたかな大きなランタンのよう。この癒やしの空間は、下のアパートメント部分もやさしく照らしてくれる。

2.

3.

1. 屋上テラスは再利用のブルーストーン*で一面舗装されている。手間いらずの草花が色とりどりに咲き乱れ、自然の断熱材の役割を果たしている。ここからのニューヨークの眺めはすばらしいの一言に尽きる。

*舗装や建築に使われる青みがかった灰色の砂岩

2. 中庭の屋根部分の格納式板ガラスのおかげで、下のオープンプランのリビングと、上の屋上テラスとが違和感なくつながって見える。家の内部まで光がたっぷり届き、中庭は天然の日だまりのようだ。

3. 印象的な吹き抜けのリビングで主役を張るのは、青みがかった大きなソファ。「屋外の雰囲気を内に取り込む」というコンセプトがここでも生きている。フロアラグのストライプが天井のむきだしの梁と呼応している。

4. ダイニングルームにはミッドセンチュリーのモダン家具が置かれ、このデザイン特有のシンプルなラインが、むきだしのレンガ壁を背景に際立って見える。赤レンガが木材のあたたかみのある風合いを引き立て、深紅のレサーの座面や緑のフクのインパクトをやわらげている。

「この設計では、建物が歩んできた工業用建築物としての歴史を尊重しつつ、再利用した廃材にコンテンポラリーな要素を加えることによって、古いものと新しいものが対話するかのような場をつくりだしたかった」

アンドリュー・フランツ、建築家

5.

5. 室内に大きなガラスの壁を新設
したことにより、開放的で軽快なロ
フトの雰囲気が保たれている。がっ
しりとした木製フレームは、隣り合
わせに並んだ吹き抜けのベッドルー
ムを劇場風な造りに見せていて、建
築当初からのむきだしのレンガ壁や
窓も真正面に見える。カスタムメイ
ドのつくりつけのベンチシートから
も、これらの特徴がよく見える。あ
たたかみのある色調と洗練された装
飾が、むきだしのレンガの風合いに
よくなじんでいる。存在感のある照
明は、見る人の目を自然と木製梁の
ある天井へと誘導する。

1.

秘密の花園

キャンディ倉庫

Sydney, Australia
オーストラリア、シドニー

この20世紀の工業用建築物は、長年、キャンディ会社オー・ボーイ・キャンディ・カンパニーの倉庫として使用され、その後は藤製品工場や家具工場となっていた。かつては敷地いっぱいに建物が建っていた。2013年、廃墟と化したこの建物を家族用の住居に改修するように依頼されたのは、建築会社 Virginia Kerridge architecture firm。倉庫の外装をはがし、比較的最近施された青いペイントの下塗りも取り除いて、その下のレンガ積みを表面に出した。改修作業全体を通して、できるだけ多くの素材を温存して再利用した。木材やレンガも洗浄され、新たな役割が与えられた。だが、今回の改修において特筆すべきなのは、建物の圧倒的な広さを維持しながら、個性的な郊外風のオアシスをつくることに成功した建築家の卓越したアイデアだろう。既存の造りのまま北向きの静かな中庭を増築するため、屋根の一部を取り壊した。中庭の構造には黄金比を採用し、既存の枠組みが活かされた。この増築は今回の改修の要であり、ほかの改修部分にも活気を与えている。青々とした緑の空間は住居のほぼすべての部屋から見えて一体感が感じられ、新鮮な空気と自然光をもたらしてくれる。1階にある子どもたちのベッドルームからは中庭に直接出入りでき、上階にあるメインベッドルーム、家族用の部屋、キッチンからは、穏やかな中庭とプールのある長いウッドデッキを見渡せる。

2.

1. 特注の書棚は、リビングの吹き抜けを存分に活かした造りで、くつろげる場所となっている。だが、視線はつねに屋外にひきつけられる。

2. 構造上の必要から残したトラスとスチールのIビームが、新たにつくった都会的な庭を大胆に縁取っている。工業用建築物としての成り立ちそのものが、この家全体を貫く見どころだ。

3. この改修プロジェクトが賞を受けるほど評価された最大の要因は、もともとあったむきだしのレンガ壁の内側に屋外空間をつくったことだろう。大きなドアはガラス製で視界がさえぎられず、ドアを開け放てば、キッチンと、高さを設けた屋外プールのあるデッキをつなぐことができる。中央のキッチンテーブルはプールともほどよい位置関係で、夏の遊び場にはうってつけの空間だ。

4. & 5. ワイヤーブラシ加工をした再生ユーカリ材が、内装から外装まで建物全体に使用されている。ユーカリ材は使い勝手のよい質感の木材であり、ほかの素材を引き立てながら、年月とともにそれ自体にも古いつやがにじみ出て趣を増す。この建物は、以前は歴史的価値の高いものとして登録されていたわけではなかったが、こうしたディテールへのこだわりが評価され、今では地元の歴史を伝える貴重な建築物となっている。

「クライアントは『クリエイティブに考える』を信条に、
緑ゆたかな庭のある、明るい家を目指しながら、
可能なかぎりインダストリアルな特徴も残したいと考えていた。
新しくつくった中庭は今回のデザインの要であるとともに、
歴史的価値を継承するという意味でも効果的だった」

ヴァージニア・ケリッジ、建築家

DECORATIVE DETAILS

装飾のディテール

MATERIALS

素材

インテリアデザイナーやホームオーナーにとって、工業用建築物は想像をかき立てられ、冒険をさせてくれる懐の深い舞台だ。むきだしのレンガ積みや打ちっぱなしのコンクリート、建築当時からの木材やスチールといった特徴を備え、ほかではまず見られないほど天井が高く部屋も広いものが多い。こうした本物の建築特性がミックスされてこそ大胆な工夫も可能となり、真に魅力的な住居を生む。一方、空間の仕上げを担うのは装飾のディテールだ。レンガや梁などの古い要素は、その独特な形と調和する家具や雑貨のデザインがあってこそ引き立つ。合板のような風合いの素材やヴィンテージのインダストリアル小物、アップサイクル*された雑貨などは建物のインダストリアルな魅力をもう一段引き上げてくれる。表面の粗いコンクリートでも、しゃれたセメント小物を合わせることでバランスが取れる。こうしたロフト的な外観や倉庫での生活スタイルは、現代のどの家の装飾にも取り入れられる。世界中のデザイナーが無骨な素材を住居用の独創的な逸品へと生まれ変わらせている。

*廃物をそのまま再利用するのではなく、商品としての価値を高めるような加工を行うこと

◄◄ ミラノにあるこの工場改修物件は、著名な建築家、パオラ・ナヴォーネのオフィス兼住居。中2階には、1930年代のアルミニウム製軍用航空キャビネットが置かれており、デスクとしても機能している。建物のスチール梁とよくなじみ、シックな「NICOLLE」スツールとも好相性だ。

LAMP
LUSTRE

ランプの光

Fallen Furniture製の1.8mも
ある特大サイズのランプは、
1950年代の「A.E.Cremer」
のスタジオ・ライトから着
想を得たもの。ヘッド部分
は「BAE146」*の円錐形の
廃品で、メタル独特の虹色
が印象的だ。電球を保護す
るイタリアのホロフェーン
製ガラスが、あたたかな光
を放っている。

*ブリティッシュエアロスペー
ス（現BAEシステムズ）が開
発・製造したジェット旅客機

1.

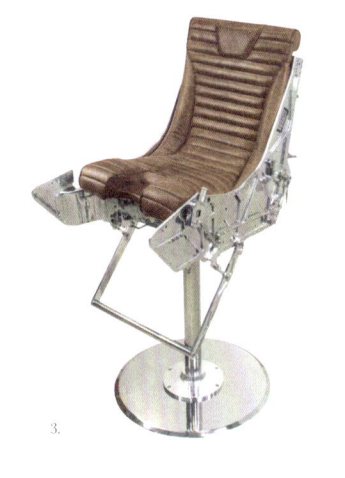

2.

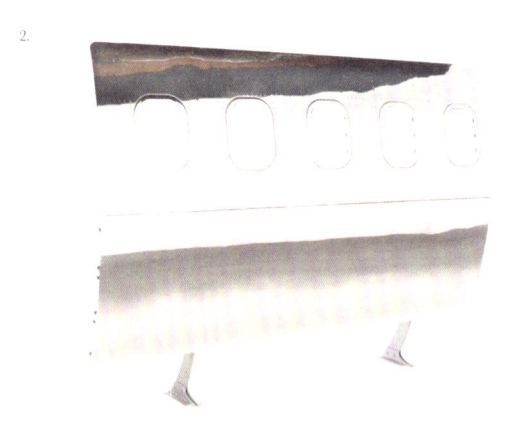

3.

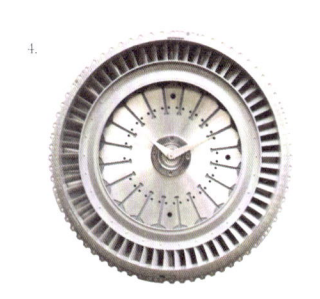

4.

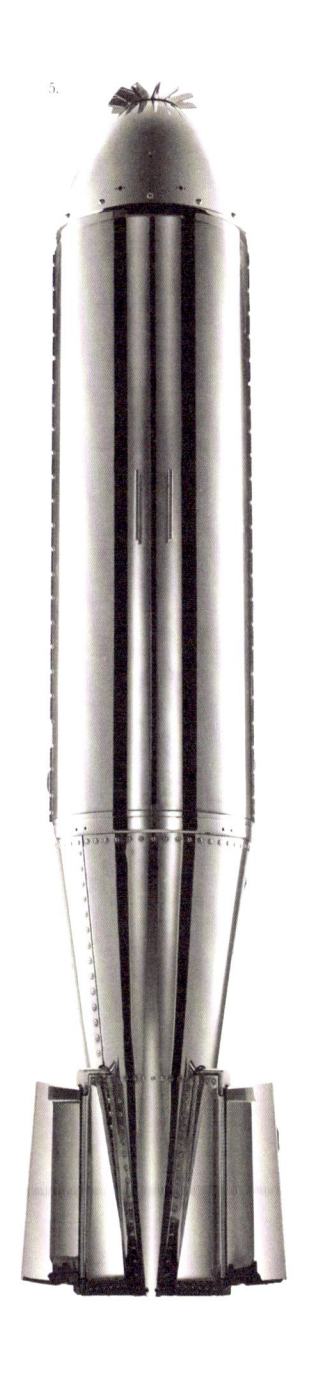

5.

AVIATION 航空

何年も地球のまわりをまわった後、現役を退いた航空機の機材や素材は、今度はインテリアデザイン
の世界で飛行を続ける。リタイアした軍用機や民間の航空機はどれも機械工学の傑作だが、巧みにア
ップサイクルされ、家を飾る家具や照明に姿を変える。磨きあげられたアルミニウムや丈夫なリベッ
トなどのディテールが高性能の航空用部品の特徴だ。こうしたデザインは、きっと最後までその役目
を果たしてくれるに違いない。

1. 航空部品に特化したインテリアメーカー Intrepid Design が手掛けたテーブルの土台部分となっているのは、Rolls-Royce の「Harrier Jump Jet」の一部だった
巨大なファン。ディナー中でも、ガラスの天板越しにディテールが見られて楽しい。 2. 「Boeing737」の窓つき機体の一部は、間仕切りとして新たな役割を与え
られた。カリフォルニアに拠点を置く航空部品に特化したインテリアメーカー MotoArt 製。 3. かの有名な「Mk10」の射出座席＊は、800人ものパイロットの命
を救ったといわれる。アップサイクル専門会社 Hanger54 のブレットとシェイン・アームストロングは、役割を終えたこの座席をバースツールに変えた。 4.
インテリアショップ The Rag and Bone Man のイギリス人デザイナー、ポール・ファーバンクが手掛けた大きな壁掛け時計「Aero」は、Pratt & Whitney 製ターボ
ファン「JT8D」のモーターリングをベースにつくられた。時計の針にはエンジンファンの部品を使用。 5. バースを拠点とする航空部品に特化したインテリアメー
カー Fallen Furniture は、6カ月かけて、イギリス空軍のクラスター爆弾を高さ2.4mもあるリカーキャビネットにつくり変えた。その名も「The Bomb（爆弾）」。

＊操縦士の緊急脱出用の機体外放出装置

BEAMS 梁

Iビームや、「ダブルTビーム」とも呼ばれるHビームは、断面がIやHの形をしたアルミニウムやスチール製の梁のこと。建築上、かなりの重みにも耐えられる性質を持っていて、倉庫改修物件でも、あえてこれが見えるようにしてインダストリアルな雰囲気を高める例も多い。この独特な形は、オリジナルなインテリア小物としても注目されている。

1.

2.

3.

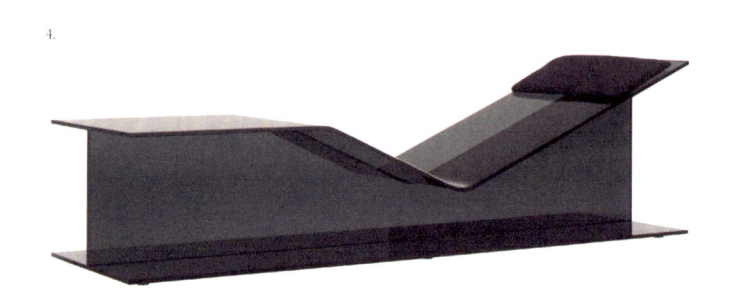
4.

1. イギリスのデザイナー、マシュー・ヒルトンがつくったIビーム形のサイドテーブル。北米産のブラックウォールナット材を使い、機能美を追求した作品だ。 2. アメリカの照明スタジオ Luke Lamp Co が制作したインダストリアル色の強い「Beam Chandelier」。スチールと、亜麻の紐のループと、白熱電球を組み合わせたもの。 3. ブルックリンにある家具メーカー Katch I.D. は、ニューヨークの地下鉄のあちこちにあるスチールから「Supreme Beam」のデザインの着想を得た。無骨な形状から、7色にパウダーコーティング*された軽やかな印象のブックエンドが生まれた。 4. Glas Italia は、イタリア・ミラノ近郊の街マチェリオでガラス製家具を手作業でつくるガラスメーカー。このモダンな長椅子は3枚のスモークガラスの厚板でできている。 5. ベルリンの家具デザイン会社 EAJY が手掛けた「Beams」チェアは、サンフランシスコのゴールデン・ゲート・ブリッジにヒントを得たもの。椅子のフレームに使われたトネリコ材に、Iビーム形の影響がかすかに見て取れる。

*顔料を直接金属に吹きつける塗装方法

1.

2.

TAKING SHAPE　形を活かして

イギリスのデザインスタジオ StolenForm は、昔ながらの「London brick」をもとにセラミック製の花瓶と揃いの皿をつくり、この形状は不朽のものに。キッチンツールや文房具入れにちょうどよい。レンガの花瓶は重ねると一風変わったディスプレイにもなる。

3.

BRICKS & BREEZE BLOCKS

レンガ & 軽量コンクリートブロック

むきだしのレンガ壁が気に入って、いち早く自宅のインテリアに取り入れている人もいれば、ただ単になんとなくインダストリアルな雰囲気に引かれているという人もいるだろう。独創的なレンガのデザインは、どんなインテリアにもぴったりだ。

1.「London brick」が最初につくられたのは 1877 年。これまで何十億個もつくられ、生産は今も続く。独特なへこんだ形状は世界的にも有名だ。2014 年、イギリス人デザイナーのトム・ディクソンは、この「London brick」をフレグランス・ディフューザー*1 として使うという斬新なアイデアを思いついた。多孔質レンガに、ロンドンの街並みを彷彿とさせるオリジナルブレンドの香りを漂わせた。　2. 照明メーカー Unique's Co. のどっしりとしたランプは、レンガの土台に、銅製の配管でできたネック部分とヴィンテージ風のバルブが特徴的だ。　3. インテリア雑誌『アーキテクチュラル・ダイジェスト・ロシア』のプロデューサー兼スタイリストである、ナタリア・オヌフレイチャックのモスクワにあるロフト。壁一面をレンガのインスタレーションが飾る。革命前のレンガのひとつひとつに異なるメーカーの刻印がある。　4. ブルックリンのインテリアスタジオ The New Design Project による、シンダーブロック*2 を使ったベッド脇の家具。シンプルながらもスタイリッシュで、簡単に組み替えられ、ブロック中央部の空間は収納にもちょうどいい。

*1 アロマテラピーなどで香りを拡散させるための器具　*2 中空で軽量の建築用コンクリートブロック

1.

2.

3.

4.

5.

6.
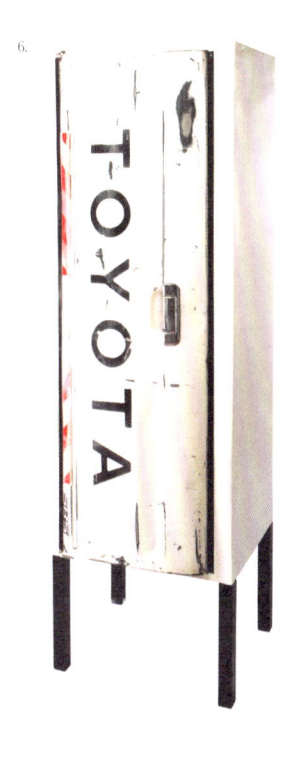

CAR PARTS 自動車部品

中古の自動車部品は、打ち延ばしたり、ボルトで留めたり、溶接したり、綴じ合わせたりすると、家の中でまったく違った存在感を示してくれる。これらの製品は、小物からシートなどを利用した大きな家具にいたるまで、驚くほど洗練されており、もはやカーマニアのためだけのものではない。インテリアの最新トレンドに身を任せ、この個性ゆたかな自動車風デザインの数々を試してみてはどうだろう。

1. The Rag And Bone Man のデザイナー、ポール・ファーバンクは、「VW Beetle」ならではのカーブを活かして、しゃれたクラブチェアとフットスツールをつくった。 **2.** ドイツの Unibro Design は、自動車部品のアップサイクルに特化した工房だ。昇降式のアルミニウム製の台に載っているのは「BMW Alpina」のトランクだ。 **3.** タイヤを扱うニュージーランドの家具メーカー Retyred Furniture は、ともすると廃棄処分になりそうな古いタイヤから、テーブルや椅子などの丈夫な家具をつくりだす。 **4.** ロンドンのデザイン事務所 Ting が手掛けた、カラフルで質感のよいクッション。シートベルトを再利用してつくった彼らのアイデアはなかなかのもの。 **5.** レーシングカーに特化したインテリアメーカー Racing Gold は、現役を退いた F1 マシンの内部の部品を用いて、独特な商品に仕立て上げる。このランプもそのひとつで、「Red Bull」のギヤボックスの部品を丹念に磨き上げて仕上げている。 **6.** イスラエルのデザイン会社 Tinman Studio は、自動車部品についているキズや、もともとの塗装などをあえて残し、このキャビネットのような趣のある家具を生み出している。

DESK
CLAMP

デスククランプ

1921年、ベルナール・アル
バン・グラスは、オフィスや
工業用の建物に適した堅固
なランプシリーズをデザイ
ンした。「La Lampe Gras」
の「211-311 テーブルラン
プ」は、クランプの土台で
しっかりとデスクトップに
取りつけられるため、テー
ブルの上を広く使え、仕事
に欠かせない明かりをピン
ポイントで与えてくれる。

CLAMPS
クランプ

作業用U字釘や、C型・G型クランプ*は通常、建設工事中に素材を作業台に取りつけておくために使われるが、いまや、世界中のデザイナーがこの古風な形状に注目している。ねじを回すだけで取り外しできる、目先の変わった家具として取り入れられつつあるようだ。

＊材料を作業台に固定する工具。締め具ともいわれる

1.

2.

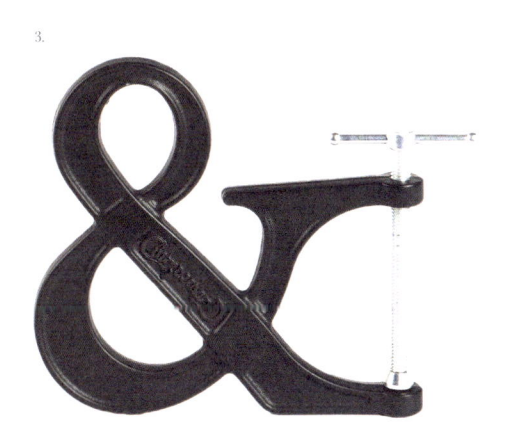

3.

4.

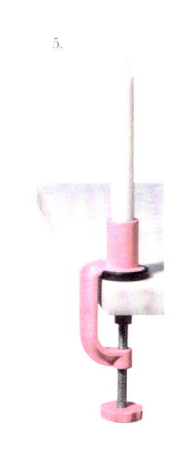

5.

1. 発想力ゆたかに「Spike」とネーミングされた「The Wild Bunch」のウォールシェルフは、コンスタンティン・グルチッチがイタリアのブランドMagisのために製作したもの。モダン家具のウェブサイトMade In Designで購入できる。 2. ストックホルムのメーカーNavetのカラフルな円形シェルフは、収納スペースがもう少し欲しいときにはぴったりだ。 3. ポートランドのインテリアショップHand-Eye Supplyが販売しているアルミニウム製の「The Adjustable Clampersand」は、スタイリッシュなブックエンドだ。インダストリアル風なものや、文字をモチーフにしたインテリアのトレンドはいまだに衰えていない。 4. デザイナーのカイル・ホフとアレックス・オーデルが、いくつもの都市を行き来する中で着想を得てつくったのが、スチール製の「Floyd legs」。デトロイトで製造され、さまざまな素材に固定して機能的な組み立てユニットテーブルがつくれる便利な脚だ。 5. インテリアデザイン会社Aparentmentが手掛けたキュートなキャンドルホルダーは、テーブルの端や窓敷居に固定できる。ひとつだけで使ってもいいし、いくつか飾れば個性的なしつらえに。

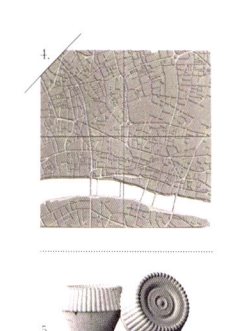

CONCRETE

コンクリート

コンクリートの汎用性は世界中のデザイナーが認めており、
インテリアを手っ取り早くインダストリアル風にできる素材として
かつてないほど注目されている。型に流して成型したり、模様を彫り込んだり、
なめらかに磨き上げたり、繊細なディテールを表面加工したりすることによって、
コンクリートも洗練されたものになってきた。デザイン素材の主力選手といってよい。

1. 中国のデザインスタジオ Bentu が手掛けたコンクリート製のスツールは、脚部分を取り外してシェルフのように積み重ねられる。 **2.** 照明ブランド Decode London がつくった「The Heavy Pendant lights」。型にはまらないコンクリートの使い方を示唆している。 **3.** スウェーデンのブランド SRF Hantverk は、1世紀以上にわたって視覚障害のある職人を雇用し、手作業でブラシの製造を行っている。アナグマの毛を使用したブラシがコンクリート製のシェービングカップの上に行儀よくおさまっている。 **4.** ギリシャのデザイン会社 A Future Perfect は、「Fragments」のコースター上に街のマップを表面加工で表現した。 **5.** コンクリート製ドアノブメーカー Kast Concrete Knobs が『ウェアハウス・ホーム』誌創刊号のためにデザインしたもの。商品名は「Rosie The Riveter（リベット打ちのロージー）*」から名付けられた。 **6.** ヨハン・フォースバーグ作のグランドファーザークロック「Tidvis」。その形状は驚くほどコンテンポラリーだ。 **7.** インテリアメーカー SPÉCIMEN Editions の花瓶「WEIGHT」は繊細な花も演出してくれる。 **8.** コンクリート製洗面器メーカー Kast Concrete Basins は、バスルームにもインダストリアルシックを取り入れた。 **9.** コンクリートに特化した家具メーカー Lyon Beton が家具問屋 Pad Home に卸している「Hauteville Armchair」は、もはや古典だ。

＊第二次世界大戦期に工場や造船所で働く女性全般を表すアメリカの文化的アイコン

CRATES & CONTAINERS

木箱＆コンテナ

かつて世界を旅した梱包用木箱や輸送コンテナは世界中で再利用されていて、その機能的な形状は新たなクリエイティブデザインも掘り起こす。小さなサイドキャビネットから大きな収納家具まで、その色や仕上がり感はさまざまだが、どれも輸送時の雰囲気を今に伝えている。貨物輸送用から転用されたこれらの家具は、組み立て自在で多目的に使用でき、どんな空間にもなじむ。がっしりとして機能的なだけでなく、ファンキーでしゃれた印象を与えている。

1.

FREIGHT FURNITURE　輸送用素材の家具

2.

廃品となった輸送コンテナの一部を使って、インドで手作業でつくられたもの。カラフルでしゃれたキャビネットには、現役当時の輸送用ロゴが刻まれ、船上での生活を彷彿とさせる。

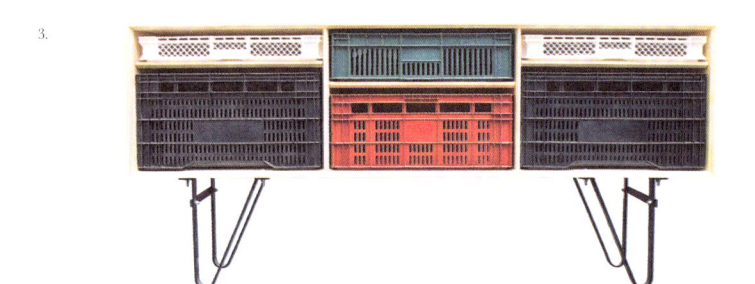

3.

4.

1. この壁かけ式ドリンクキャビネットは、かつては軍用弾薬の木箱として使われていた限定品。酒類がたくさん収納でき、パーティも爆発的に盛り上がること請け合いだ。　2. 再生素材を中心に扱うインテリアメーカー Reason Season Time が手掛けた「Kontainr Series Cabinets」は、廃品となった輸送コンテナの一部を活かしてつくられている。　3. 建築家でデザイナーのマウリシオ・アルーダは、ブラジルの青果市場のイメージに触発されて、リサイクルされたプラスチックの箱をカラフルな引き出しとして家具に組み込んだ。　4. オランダで製作された、貨物輸送用コンテナをベースにした組み立て自在なキャビネット。RALカラー*のチャートにある色なら、どれでも対応可能。積み重ねもでき、車輪もついているので、どんな内装にも合うようにカスタマイズできる。　5. イタリアのブランド Seletti がデザインした、かわいらしい収納「Sending Animals」は、積み荷用木箱を大胆に曲げ、楽しくて実用的な家具に仕上げている。

*ドイツの標準色票で、工業デザインや建築、ペイント関係など幅広い分野で活用されている

5.

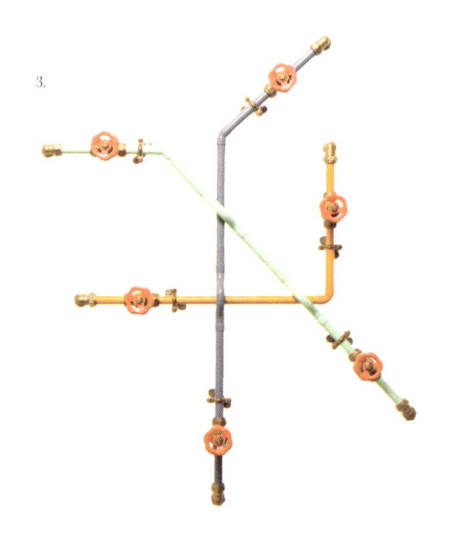

GALVANIZED PIPING

亜鉛メッキの配管

工業用建築物では、がっしりとした壁や天井の表面に亜鉛メッキの配管が取りつけられ、ケーブル類を隠している例が多い。取り外しや修理も簡単だ。空間に力強さと実用的な美しさをもたらす素材であり、この種の配管のある家ならどこでも、同じような効果が期待できる。マットな亜鉛の仕上がりは木や銅とうまくなじむが、パウダーコーティングで色をつけることも可能だ。

1. この亜鉛メッキ加工したスチールパイプのベッドフレームは、マンチェスターにあるデザインスタジオ Urban Grain が『ウェアハウス・ホーム』誌創刊号のために特別に製作したもの。ピンクとグレーのベッドリネンを合わせると、インダストリアルな雰囲気もよりソフトでしゃれた印象に。 **2.** 照明デザイナーのトニー・マイルスは、スチール製の配管を手作業で曲げて、個性ゆたかなテーブルランプを数多く製作している。高さのあるテーブルランプ「The Question Mark」は、オンラインストア Rockett St George で販売されていた。 **3.** イギリスのメーカー Nick Fraser がつくる機能性に富んだインテリア製品はどれも、粋で個性的、そして色彩ゆたかだ。このコート掛けはヴィンテージ風の水栓をフックとして活かしたもので、ラインアップにはさまざまな形のものがある。 **4.** インダストリアル風のパイプを使った棚つきデスクは、アメリカの生活家具メーカー Restoration Hardware 製。ここでならどんな勉強もはかどりそうだ。

1.

2.

3.

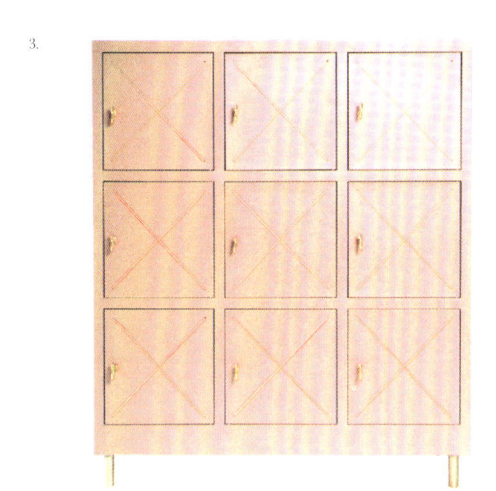

4.

5.

6.

LOCKERS

ロッカー

かつて工場や学校にあったロッカーは大きくて実用的な収納用品だ。家に置くだけでインダストリアル感がぐっと高まり、傷やへこみなど長年使用してきた跡が残っていれば、なおさら雰囲気が増す。通気口のついた実用的な形状は、次世代の新しいデザインにも影響を与えている。

1. 1950年代につくられたヴィンテージのインダストリアルロッカー。イギリス人古物商ショーン・コックスがオランダの古い工場から持ってきたもの。　2. イタリアのデザイン会社Seletti製のカラフルなキャビネット。ダイヤル錠のほか、ロッカーならではの特徴が見てとれる。　3. 9つ扉のついた「Copper Blush」キャビネットはインテリアショップOut There Interiorsで購入できる。主張しすぎないインダストリアル感が洗練されていて、どんな空間にもしっくりくる。　4. 家具メーカー Fratelli Lamièreは、コンテンポラリーな色合いでパウダーコーティングした金属薄板を使い、昔ながらのメタル製キャビネットをモダンな生活空間に合うようにつくり変えた。　5. この2ドアタイプの「B2」キャビネットはフランスの人気ブランドTOLIX製。同社の定番商品と同じ工場で製作されている。　6. オランダ人デザイナーのシュテファン・シーペルマンが手掛けた、がっしりしたオーク材のロッカー「locky2」。原型は昔ながらのスポーツ用ロッカーだが、木製の南京錠もつけて新しい装いに。

WOOD WORKS

木製品

フランス人デザイナーのマーティン・レベックとマシュー・マングールが手掛けた家具ライン「Les Palettes」の木製アームチェア。同ラインにはほかに、リクライニングチェアや棚、テーブルなどがある。家具のアップサイクルプロジェクトを自らやってみたい人向けにマニュアルも用意されている。

PALLETS パレット

木材を粗く削ってつくったパレット＊は建設現場や運送業界には欠かせないもので、重い積み荷や荒れた天候にも耐えられる。しかし、この頑丈なパレットも、ひとたびフォークリフトから降ろされると、実用的で遊び心のある家具として新たな命を与えられる。デザイナーは、すのこ状の形からもインスピレーションを得る。もとの形を活かしたものもあれば、びっくりするほど洗練された創作品もある。

＊品物を運搬・貯蔵するときに使う台

1. アーティストのギャヴィン・タークは、アルゼンチンのチャリティ事業 Amistad O Nada のための募金活動の一環として、「Studiomama」チェアを製作した。**2.** ベルリンを拠点に活動するデザイナー、ダニエル・ベッカーが、家具のスタートアップ企業 Kimidori 向けにデザインした「45」シリーズ。パレットをそのままの形で利用するのではなく、パイン材の厚板をいったんはがして、キャビネットやサイドボードや椅子につくりかえた。長年使用されてきた中でついた跡は研磨しても残っており、45度と90度の幾何学模様の中でも存在感を放っている。**3.** パレットの木材を使った珍しいライトシェードは、イギリスのデザインメーカー Christopher Berry 製。あざやかな5色展開。**4.** ロンドンのインダストリアルデザインスタジオ Plant & Moss は、伝統的な技法とコンテンポラリーなトレンドを融合させて、一風変わったコーヒーテーブルをつくった。オーク材とウォールナット材の2色展開で、ひとつでもいくつか重ねても使用できる。

1.

PAPER

紙

再生紙を利用したデザインは、スタイリッシュなだけでなく地球にやさしい装飾オプションだ。『ウェアハウス・ホーム』誌では、素材の再利用にこだわり、それを支える優秀なデザイナーやメーカーにも注目してきた。私たちの雑誌の印刷不良分が創造的な形で再利用され、すてきなホーム雑貨へと姿を変えられるようサポートしていきたい。

1. オランダ人デザイナーのデビー・ヴェイスカンプは、再生紙を使った花瓶やボウルなど、上品な雑貨を生み出している。 2. このページに掲載したデザイン小物はすべて、『ウェアハウス・ホーム』誌の発注で、同誌の印刷不良分の紙を使ってつくられた。ベッキー・クリードは同誌創刊号のページを大量に重ねてひとつのかたまりをつくり、旋盤*で加工して、限定販売のペンダントライトをつくった。 3. 古紙パルプを染色してつくった壁かけ時計と置き時計は、再生紙素材を使った商品を扱う雑貨メーカー BLURECO製。 4. ドイツ人デザイナー、ピア・ヴュステンベルクが手掛けたオーク材のコーヒーテーブル（左）。脚を飾るのはビーズ状にした加工紙。パルプのスツール（右）はポーランド人デザイナー、パウラ・シュヴェトコヴィッチの作品で、一見コンクリートに見えるパルプシートを使っている。 5. 6. & 7. 紙製の照明メーカー Crea-re製のパルプランプ「The Quartz」、マギー・ホリングワース作の「Shredded Vase」、ダン・フーラハンが手掛けた、古紙を重ねてつくった容器の数々。いずれも『ウェアハウス・ホーム』誌第3号の紙を再利用してつくられた。

＊対象物を回転させながら切削加工する工作機械のひとつ

PLYWOOD
合板

明るい色目の合板は手触りがよくあたたかい印象を与えるだけでなく、
強度と耐久性にも優れ、デザイナーたちに圧倒的人気を誇る。
地球にやさしい素材でもあり、過去何十年もの間、実用的ながらも
遊び心あふれるデザインの一端を担ってきた。
カラフルに彩ったものからあえて装飾を排したものまで、
合板の可能性は無限だ。

1. エゴン・リスがデザインした「Penguin Donkey」。家具メーカー Isokon Plus が1939年に初めて製作して以来、今日まで生産が続いている。**2.** イギリス人デザイナーのアレックス・スウェインが、文字のモチーフやナチュラル素材といったお気に入りの要素を詰め込んでつくったモダンな作品「ByALEX A Desk」。青いバージョンは『ウェアハウス・ホーム』誌のための特別デザイン。**3.** イギリスの2人組のデザイナーユニット Baines & Fricker が手掛けた椅子「SB01-1」。シンプルなフォルムは、1935年にチューリッヒで開催された展覧会のポスター『Der Stuhl（椅子）』のシルエットから着想を得たもの。**4.** スイス人デザイナーのニッキ・クレイスが『ウェアハウス・ホーム』誌とのコラボでつくった実用的なハンガーボード*。**5.** デザインユニット Barber & Osgerby が Isokon Plus のために手掛けたテーブル「Loop」は、デザイン界の古典ともいうべき作品。**6.** 家具・雑貨メーカー WEAMO は合板でさまざまな雑貨をつくっている。このカラフルなブックエンドもそのひとつ。**7.** ラトビア産カンバ材の合板でできたエッグカップは家具メーカー Kreisdesign 製。**8.** 日本のデザインスタジオ Drill Design の「Paper-Wood STOOL」は、薄板と再生紙を重ねて、合板の独特な雰囲気を再現しようと試みた作品。

＊穴あきパネル板

DESIGN RULES

デザインが測るもの

個性的でインパクトのある
壁紙「Printed Rulers」は
壁紙メーカー大手のNLXL
創業者、ヴィンテージ夫妻
がデザインを手掛けたもの。
印刷のクオリティが非常
に高いので、細かい文字や
目盛りなどのディテールま
で楽しめる。NLXLやThe
Orchardなどのサイトから
オンライン購入が可能だ。

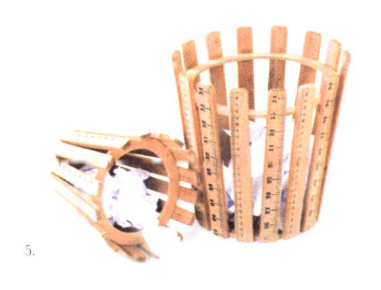

RULERS

ものさし

ヴィンテージのものさしを使った家具から、手づくりの雑貨やプリントの柄まで、ものさしというモチーフはインテリア装飾のすみずみまで浸透し、大小さまざまな空間を一風変わったものに見せている。メートル法でもヤード・ポンド法でも、また、ヴィンテージでも現代のものでも、ものさしのデザインは確かなポテンシャルを備えている。

1. ロンドン在住のデザイナー、ローリー・ドブナーは秀逸なインテリアデザインを世界中で数多く発表しており、オリジナル雑貨のラインナップはますます数を増している。彼は、ヴィンテージのものさしを再利用して、イマジネーションに富んだこのペンダントライトシェードをつくった。 **2.** 雑貨ブランド Southern Inspired Arts が手掛けたものさし時計。どんな壁にあっても目を引くに違いない。 **3.** インダストリアル風のスチールフレームのテーブルは、ロンドンのアンティークストア The Old Cinema の発注。さまざまなサイズのものが手作業でつくられた。天板には、ひとつひとつ集められたヴィンテージの木製ものさしが敷き詰められている。 **4.** The Old Cinema で販売している個性的なコートラック。それぞれつくられた時代、来歴の異なるアメリカのものさしがいくつも使われている。 **5.** 限定版のごみ箱は学校用の木製ものさしを再利用してつくったもの。雑貨販売サイト Not On The High Street で購入できる。

STEEL DRUMS
スチールドラム

スチール製の積み荷用ドラム缶は、ひとたび家具や
照明として生まれ変わると、かつて液体や粉末を輸送するのに
使われていたことなど想像もつかない。輪切りにされたり、
四角く切りとられたり。緑青をあえて残したデザインもあれば、
ピカピカに磨き上げられたり、上からペイントされているものもある。
個性的で環境にも配慮した装飾家具だ。

1. 雑貨ブランドPO! Parisの椅子「Petal Chairs」は、アルバニアの小規模な個人工房でつくられている。 **2.** 「Palette Cabinet」はイタリアのデザイン会社Vibrazioni Art-Designが手掛けた、色とりどりのアップサイクル作品。 **3.** フランスの家具職人ユニットDentelles Et Bidonsはドラムに透かし彫りをし、パウダーコーティングを施した。この大きなランプはバルコニーや庭に置くのにちょうどよい。 **4.** 照明メーカーLichtfass Companyは、へこみや錆や個々の風合いに応じて手作業でスチールドラムを選別し、輪切りにして大きなペンダントシェードをつくる。 **5.** 廃品だった三角形のスチール板を溶接して折り紙風のサイドテーブルにした。The Old Cinemaで購入できる。 **6.** 家具問屋Phillips Collectionが販売している「Oil Drum Mirror」には、スチールドラムとして利用されていた頃のペイントと緑青が残っている。 **7.** アメリカでアップサイクル事業を行っているウェス・ベネットは、スチールドラムを個性あふれる丸い本棚「DOT」に生まれ変わらせた。 **8.** ユニークな椅子「Café Chair」はVibrazioniの数ある逸品のひとつ。スチールドラムを切って溶接する、ほぼすべての工程が手作業で行われている。

1.

VINTAGE LINEN

ヴィンテージリネン

亜麻、麻、ジュートを織ってつくられた手触りのいい丈夫な布は、インテリアを飾る最適な素材だ。才能あふれるデザイナーの手にかかれば、かつてコーヒー豆や米の運搬用に使われていた地味な「ズック*1製の袋」も、魅力的な雑貨や家具に早変わり。ヘシアンクロス*2の昔ながらの風合いはどんなインダストリアルインテリアにもなじみ、ステンシルのモノグラムもよい引き立て役となっている。

*1 綿または麻を用いた厚地の平織り布　　*2 ジュートを材料とした目の粗い平織り物

1. マネキン人形メーカーの Corset Laced Mannequins 創業者ルーシー・カーティスは、古いマネキン人形を覆ったり修繕したりするためのファブリックを自ら選ぶ。このマネキンのように、フランスの小麦粉袋などヴィンテージのヘシアンクロスをまとわせると、どこか楽しげで、歴史も感じさせる仕上がりになる。 **2.** イギリスのアップサイクル会社 Refunk'd のアーシュ・スティーヴンスは、カラフルなステンシル文字の入った袋を再利用して、ちょっと変わったペンダントライトシェードをつくった。 **3.** インテリアストア Mipo が扱うコーヒー豆の麻袋のクッションは、どんなシートやソファにもなじむ。大きめのボタンが素材のもつ雰囲気を引き立てている。 **4.** アイルランド人デザイナーのケリー・スワロウは、アンティークのチェア「Wing」をドイツ製のレアな穀物袋で布張りした。ヘリンボーン地の麻袋は、1924年以降、家族経営の農家でよく使われていたもので、手の込んだモチーフやあざやかな青のラインが目を引く。 **5.** インテリアショップ Gus Modern が扱うのは、コーヒー豆の袋を使った「beanbag cubes」。フットスツールにぴったりで、単独で飾っても、つなげてシートにしても楽しい。

ICONIC
DESIGNS
アイコニックなデザイン

産業革命の時代に製造業が経験した劇的な進歩は、家具や照明のデザインにもイノベーションをもたらした。工場での作業の専門化と製造ラインの高速化が進むにつれて、労働者の安全と快適さを向上させるために新たな装置やシステムが考え出された。調節式のランプがワークスペースをピンポイントで照らすようになったし、人間工学に基づいた、背もたれを調節できる回転式の椅子も開発された。スタッキングできる備品は空間節約につながった。こういった専門的な見地から開発された製品の高いクオリティと機能性は、やがてデザイン界の新たなスタンダードになった。これらの製品が工場の製造現場から住居へ進出するのにそう時間はかからなかった。20世紀初頭のがっしりとしたインダストリアルデザインは、当時はパイオニア的なものとして登場したが、その価値は時代を超えて評価されつづけた。何世代にもわたり建築家やデザイナーにインスピレーションを与え、さまざまな工夫や応用方法が生み出された。いくら模倣されても、オリジナル作品にはかなわない。知的で想像性に富んだデザインは歴史の中で確固たる地位を占めるとともに、未来も約束されている。

◀◀ 1933年にフランスでつくられた「NICOLLE」のスツールと椅子は当時の工場での最新の健康・安全基準を満たすよう設計された。弾力があり座り心地もよく、各種工場に広く普及した。

EVOLUTION OF DESIGNS

進化するデザイン

それぞれの時代にイノベーションを起こした名だたるブランドは、今日にいたるまで存在感を放っている。インダストリアルなニーズに特化してサービスを続けているブランドもあれば、対象を倉庫から住居へと移した老舗ブランドも多い。

1851	1893	1898	1921
Smiths	**Slingsby**	**Holophane**	**Lampe Gras**

1851 **Smiths**

1851年創業のSmithsは、ヨーロッパ最大手の時計メーカーとなり、自動車や航空機業界、鉄道の駅、住居向けに時計の生産を行ってきた。現在はロンドンのRoger LascellesがSmithsブランドを独占的にライセンス生産している。

1893 **Slingsby**

ハリー・クロウサー・スリングスビーは、1893年に初めて、作業効率を上げる手押し車を受注した。その翌年、「Slingsby Sliding Wheel Truck」の特許を出願。1901年までに世界最大のトラック販売店を持つにいたり、現在の商品ラインアップは35,000種にのぼる。

1898 **Holophane**

Holophaneはイギリスの工場で120年以上にわたり照明器具を生産してきた。同社の名前はいまや高品質の照明器具の代名詞となっている。革新的なプリズムガラスの屈折レンズと反射体を導入したことにより、光の制御能力が向上した。

1921 **Lampe Gras**

1921年、ベルナール・アルバン・グラスがオフィスやインダストリアルな空間用のタスクランプ＊をデザインした。壊れにくく、人間工学に基づいてつくられたこのランプは、ただちに建築家ル・コルビュジエの目にとまった。以後コルビュジエは、自分のデスクでも、海外の各種プロジェクトでもこのランプを使ったといわれている。

＊デスクランプ

RIGHT
ANGLE

正しい角度

特殊なスプリングに一定の
テンションをかける「バラ
ンスシステム」の先駆モデ
ルを1931年に開発したの
は、自動車エンジニア、ジ
ョージ・カワーダインだ。
カワーダインは特許を出願。
1933年、4つのスプリング
を使った最初のタスクラン
プ「Anglepoise」が発売に
なった。その後まもなく、
3つのスプリングを使った
ものが住居用に発売された。

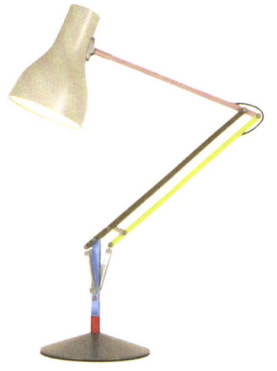

1934

TOLIX; Standard Chair

起業家グザビエ・ポシャールが、亜鉛メッキのシートメタルを使って、丈夫でスタッキング可能な「TOLIX」チェアを製作。同じ年、エンジニア兼建築家兼デザイナーのジャン・プルーヴェも新たに「Standard Chair」を開発した。後ろの幅広の脚で座る人の体重を支えている。圧縮シートメタルを使用。

1933

Coolicon; Anglepoise; Chaises NICOLLE

クジラの尾の形をした背もたれとスワンネックが特徴的な「NICOLLE」チェアは、今日でも発売当時と同じ技法と道具を用いてフランスで製造されている。「Coolicon」のエナメル塗装の高光沢なシェードは、工場や病院、ロンドン地下鉄などを照らしてきた。イギリスで再生産された名品だ。

「ヴィンテージでありながらモダン、
普遍的でありながら、ひとつひとつが
異なる表情を持つ。ある意味、このランプは
時間というものに深く根差している。
偉大な開発者の名は、このデザインとともに、
これからもずっと世界中で生き続けるだろう」

JIELDÉ

1950

Jieldé

開発者ジャン・ルイ・ドメックのイニシャルから名づけられたJieldéのランプ。シンプルでありながらもしっかりしたフォルムは、関節のあるアームで支えられており、当時の工房や工場で好評を博した。1990年代になると住居用にも展開された。今でもリヨンで、創業当時からの道具を用いてハンドメイドされている。

1944

Emeco

初代「1006 Navy Chair」はアメリカ海軍のために製作された。ペンシルヴェニアの老舗家具メーカー、Electrical Machine and Equipment Company (Emeco)は、77段階もの工程を経て、通常の再生アルミニウム素材を遠洋での使用に耐える強度の高いアルミニウムにつくり変えた。商品寿命は150年ともいわれている。

IMAGE CREDITS

写真クレジット

ARCHITECTS

建築事務所リスト

A+Z Design, a-z.eu.com (Riverloft, Budapest; Loft 19, Budapest)
AABE, aabe.be (Warehouse Conversion, Düsseldorf)
adn architectures, a-dn.be (Loft FOR, Brussels)
Adrian Amore Architects, aaarchitects.com.au (Loft Apartment, Melbourne)
Airhouse Design Office, airhouse.jp (Warehouse, Yoro)
Allen Jack+Cottier, architectsajc.com (Inner City Warehouse, Sydney)
Alloy Development, alloyllc.com (185 Plymouth Street, New York)
ANDarchitects, andarchitects.com (Blesso Eco Warehouse, New York)
Andrew Franz Architect, andrewfranz.com (TriBeCa Loft, New York)
Andrew Simpson Architects, asimpson.com.au (Water Factory, Melbourne)
Anima, anima.cc (Rakovsky Loft, New York)
APA, apalondon.com (Residence Clerkenwell Apartment, London)
Architects EAT, eatas.com.au (Fitzroy Loft, Melbourne)
Axis Mundi Design, axismundi.com (Bond Street Loft, New York)
Bernadette Jacques, bernadette-jacques.be (Loft 65, Villefranche Sur Mer)
BG Architecture, bgarchitecture.com.au (Warehouse Conversion, Melbourne)
BK Interior Design, bkinteriordesign.com (Gentleman's Loft, New York)
BKA Architecture, bka.com.au (Paddington Warehouse, Sydney)
Bright Common Architecture & Design, brightcommon.com (The Pickle Factory, Philadelphia)
Castel Veciana Arquitectura, castelveciana.com (Loft Mialma, Barcelona)
CCS Architecture, ccs-architecture.com (Warehouse Conversion, San Francisco)
Cecconi Simone, cecconisimone.com (The Wrigley Loft, Toronto)
Charles Burkhalter, charlesburkhalter.com (Arne Svenson & Charles Burkhalter Residence, New York)
Chris Dyson Architects, chrisdyson.co.uk (The Cooperage, London; Shoreditch Warehouse, London)
Chris Hawley Architects, chrishawleyarchitects.com (Laundry Residence, Fargo)
Corben Architects, corben.com.au (Inner West Warehouse, Sydney)
Dash Marshall, dashmarshall.com (TriBeCa Loft, New York)
Delson or Sherman Architects PC, delsonsherman.com (Boerum Hill House, New York)
Design Initiative, design-initiative.net (Cheryl Morgan Loft, Birmingham Alabama)
Dow Jones Architects, dowjonesarchitects.com (Former Warehouse, London)
Edmonds + Lee Architects, edmondslee.com (The Oriental Warehouse, San Francisco)
Erica Severns Architect, ericaseverns.com (Hyde Garage, San Francisco)
Flow Works, flow.nu (Marius Haverkamp Residence, Amsterdam)
François Muracciole, fmuracciole.com (Anne Hubert Loft, Mulhouse; Faubourg-du-Temple Loft, Paris)
Frank&Faber and **Element-Studio**, formerly Trunk Creative, frankandfaber.co.uk, elementstudio.co.uk (Aeronautical Factory, London)
Gachot, gachotstudios.com (David Karp Loft, New York)
Garcia Tamjidi Architecture Design, garciatamjidi.com (Residence 3, San Francisco)
GRAUX & BAEYENS architecten, graux-baeyens.be (Binnenskamers, Kortrijk)
Gresford Architects, gresfordarchitects.co.uk (Paper Mill Studio, London)
Gumuchdjian Architects, gumuchdjian.com (Talisman Building, London)
HILLWORKS, hillworks.us (David Hill Residence, Auburn)
Inside Out Architecture, io-a.com (Clerkenwell Loft, London; Clerkenwell Loft Number 3, London; New Concordia Wharf, London)
Jackson Clements Burrows, jcba.com.au (The Golden Crust Bakery, Melbourne)
Jane Kim Design, janekimdesign.com (Franklin Street Loft, New York)

Jessica Helgerson Interior Design, jhinteriordesign.com (NW 13th Avenue Loft, Portland)
Joel Sanders Architect, joelsandersarchitect.com (Blesso Eco Warehouse, New York)
Katty Schiebeck, kattyschiebeck.com (Concrete Loft In Gracia, Barcelona)
Kurt Roessler Architect (Gentleman's Loft, New York)
LINEOFFICE Architecture, lineofficearchitecture.com (SOMA Loft, San Francisco)
Marco Vido, marcovido.com (Marco Vido Loft, Milan)
Mark Lewis Interior Design, marklewisinteriordesign.com (Hoxton Square Apartment, London)
Mass Operations, massoperations.com (Art Loft Chai Wan, Hong Kong)
Mei architects and planners, mei-arch.eu (Jobsveem Warehouse, Rotterdam)
Michael Haverland Architect, michaelhaverland.com (Industrial Conversion, New York)
Miriam Almanzar, miriamalmanzar.com (Loft Mialma, Barcelona)
Nia Morris Studio, niamorris.co.uk (The Old Aeroworks, London)
ODA New York, oda-architecture.com (Hubert Street, New York)
Paola Navone, paolanavone.it (Silkworm Factory, Spello)
Paolo Frello & Partners, frello.com (Loft Col Di Lana, Milan)
Pollard Thomas Edwards, pollardthomasedwards.co.uk (New Concordia Wharf, London)
Poteet Architects, poteetarchitects.com (Robison Loft, San Antonio)
Q-bic, q-bic.it (Pallets Loft, Florence)
Quintana Partners, quintanapartners.com (Loft Rflor, Barcelona)
Ricardo Bofill Taller de Arquitectura, ricardobofill.com (Cement Factory, Sant Just Desvern)
Robb Studio, robbstudio.com (Troyer Flour Mill Loft Condo, Denver)
Rochesters, rochesters.uk.com, (The Factory, London)
Ronald Janssen Architecten, ronaldjanssen.eu (Gearwheel Factory, Amsterdam)
Sadie Snelson Architects, ssarchitects.co.uk (Clapton Warehouse, London)
SchappacherWhite Architecture D.P.C., schappacherwhite.com (Hudson Loft, New York)
Sheep + Stone Interiors, sheepandstone.com, (DUMBO Warehouse, New York)
SheltonMindel, sheltonmindel.com (TriBeCa Industrial Loft, New York)
Slade Architecture, sladearch.com (Greene Street Loft, New York)
Stack London Ltd, stacklondon.co.uk (Paper Mill Studio, London)
Stanley Saitowitz | Natoma Architects Inc, saitowitz.com (McCarthy Loft, San Francisco)
Stephen Collins Interior Design, scid.com.au (Warehouse Conversion, Surry Hills)
Studio Gild, studiogild.com (Troyer Flour Mill Loft Condo, Denver)
Studio Kyson, kyson.co.uk (Scrutton Street, London)
Technē Architecture + Interior Design, techne.com.au (Regent Street Warehouse, Melbourne)
The Turett Collaborative, turettarch.com (Greenwich Street Loft, New York)
Virginia Kerridge Architect, vk.com.au (Lilyfield Warehouse, Sydney)
Wessel de Jonge Architecten BNA BV, wesseldejonge.nl (Jobsveem Warehouse, Rotterdam)
William Tozer Associates, williamtozerassociates.com (Horizontal House, London)
WILLIS+CO., willis-sf.com (Hyde Garage, San Francisco)

STOCKISTS

ショップリスト

A Future Perfect, afutureperfect.gr
Anglepoise, anglepoise.com
Any Old Lights, anyoldlights.co.uk
Aparentment, aparentment.com
ARAM, aram.co.uk
Aria, ariashop.co.uk
Armac Martin, martin.co.uk
Aston Matthews, astonmatthews.co.uk
Bad Dog Designs, bad-dog-designs.co.uk
Baines&Fricker, bainesandfricker.net
Barber & Osgerby, barberosgerby.com
Becky Creed, beckycreed.co.uk
Benjamin Moore, benjaminmoore.com
Bentu, bentudesign.com
Blue Ticking, blueticking.co.uk
BLURECO, blureco.com
Buster + Punch, busterandpunch.com
ByALEX, byalex.co.uk
Cambrewood, cambrewood.com
Carl Hansen & Son, carlhansen.com
Carocim, carocim.com
Chaises Nicolle, chaises-nicolle.com
Clo20c, clo20c.com
Corset Laced Mannequins, corsetlacedmannequins.co.uk
Crea-re, crea-re.com
Crittall Windows, crittall-windows.co.uk
Daniel Becker Design Studio, danielbecker.eu
DCW Éditions, dcw-editions.fr
Debbie Wijskamp, debbiewijskamp.com
Decode London, decode.london
Dee Puddy, deepuddy.co.uk
De La Espada, delaespada.com
Dentelles & Bidons, dentellesetbidons.com
Dowsing & Reynolds, dowsingandreynolds.com
Drill Design, drill-design.com
Drummonds, drummonds-uk.com
Dyke & Dean, dykeanddean.com
EAJY, eajy.de
Emeco, emeco.net
Etsy, etsy.com
Factory 20, factory20.com

Factory Twenty One, factorytwentyone.co.uk
Fallen Furniture, fallenfurniture.com
Floyd Design LLC, floyddetroit.com
Forsberg Form, forsbergform.com
Frank Allart & Company, frankallart.com
Fritz Hansen, fritzhansen.com
George Smith, georgesmith.co.uk
Gervasoni, gervasoni1882.it
Glas Italia, glasitalia.com
GP Light & More, gplightandmore.com
Graham & Green, grahamandgreen.co.uk
Gus Modern, gusmodern.com
Hand-Eye Supply, handeyesupply.com
Hanger 54, hangar54.com
Heal's, heals.com
Holloways of Ludlow, hollowaysofludlow.com
Home Barn, homebarnshop.co.uk
IKEA, ikea.com
Intrepid Design, intrepid-design.co.uk
Iris Hantverk, irishantverk.se
Isokon Plus, isokonplus.com
Jieldé, jielde.com
Kast Concrete Basins, kastconcretebasins.com
Kast Concrete Knobs, lambornstudio.com
Katch Design, katchid.com
Kelly Swallow, kellyswallow.com
Knoll, knoll.com
Kreisdesign, kreisdesign.com
La Cerise sur le gâteau, lacerisesurlegateau.fr
Lamborn Studio, lambornstudio.com
LASSCO, lassco.co.uk
Lichtfass Company, lichtfasscompany.com
LINTELOO, linteloo.com
Loomlight, loomlightdesign.co.uk
Louis Poulsen, louispoulsen.com
Luke Lamp Co, lukelampco.com
Lyon Beton, lyon-beton.com
Made In Design, madeindesign.co.uk
Magie Hollingworth, magiehollingworth.co.uk

Magis, magisdesign.com
Martina Salvato, martinasalvato.com
Matthew Hilton, matthewhilton.com
Mauricio Arruda Design, mauricioarruda.net
Mayfly Vintage, mayflyvintage.co.uk
Merci, merci-merci.com
Michael Anastassiades, michaelanastassiades.com
Millington & Hope, millingtonandhope.com
Mipo, mipo.co.uk
MotoArt, motoart.com
NAVET, navetsthlm.com
Nest, nest.co.uk
Nick Fraser, nickfraser.co.uk
NLXL, nlxl.com
Not On The High Street, notonthehighstreet.com
Ochre, ochre.net
Oliver Apt, oliverapt.com
Out There Interiors, outthereinteriors.com
Owl and the Elephant, owlandtheelephant.co.uk
Pad Home, padhome.co.uk
Phillips Collection, phillipscollection.com
piadesign, piadesign.eu
Pipe Art, pipeart.co.uk
Plant & Moss, plantandmoss.com
PO! Paris, po-paris.com
Poliform, poliform.it
Prandina, prandina.it
Racing Gold, racinggold.co.uk
Reason Season Time, reasonseasontime.co.uk
Refunk'd, refunked.com
Restoration Hardware, restorationhardware.com
Retyred Furniture, retyredfurniture.co.nz
Rigg, rigg.uk
Robert Kime, robertkime.com
Rockett St George, rockettstgeorge.co.uk
Roll & Hill, rollandhill.com
Rory Dobner, rorydobner.com
Sander Mulder, sandermulder.com
Sara Ricciardi, sararicciardi.org
SCP, scp.co.uk
Seletti, seletti.com
Skandium, skandium.com

Skinflint, skinflintdesign.co.uk
Spécimen Editions, specimen-editions.fr
Steel Vintage, steelvintage.com
Stephan Siepermann, stephansiepermann.com
StolenForm, stolenform.com
Studiomama, studiomama.com
Sugden and Daughters, sugdenanddaughters.co.uk
The Conran Shop, conranshop.co.uk
The Den & Now, thedenandnow.co.uk
The Gifted Few, thegiftedfew.com
The Light Yard, thelightyard.com
The Rag And Bone Man, theragandboneman.co.uk
The Old Cinema, theoldcinema.co.uk
The Old Yard, theoldyard.co.uk
The Orchard Home and Gifts, theorchardhomeandgifts.com
Timothy Oulton, timothyoulton.co.uk
Ting London, tinglondon.com
Tinman Studio, ronentinman.com
Tolix, tolix.fr
Tom Dixon, tomdixon.net
Trainspotters, trainspotters.co.uk
Turner & Cox, turnerandcox.com
TwentyTwentyOne, twentytwentyone.com
Unibro Design, unibro.de
Unique's Co, uniquestr.com
Urban Grain, urbangrain.co.uk
USM Modular Furniture, usm.com
Utology, utology.co.uk
Vibrazioni Art Design, vibrazioniartdesign.com
Vincent and Barn, vincentandbarn.co.uk
Vintage Cushions, vintagecushions.com
Vintage Matters, vintagematters.co.uk
Vitsœ, vitsoe.com
Vitra, vitra.com
Warehouse Home Shop, mywarehousehome.com/shop
Water Monopoly, thewatermonopoly.com
WEAMO, weamofurniture.co.uk
XLCORK, xlcork.com

＊原書出版当時の情報です。現在は変更等されている場合もございますので、ご了承ください。

INDEX

索引

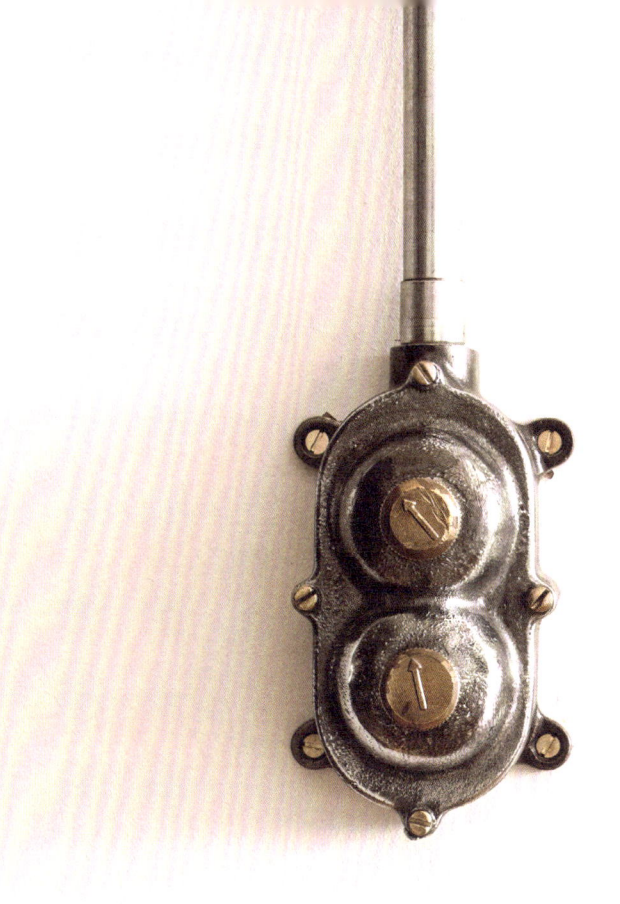

WAREHOUSE HOME

Biannual Magazine
mywarehousehome.com/newspaper

Online Shop
mywarehousehome.com/shop

Interiors Blog
mywarehousehome.com

Design Service
yourhome@mywarehousehome.com

Social Media
mywarehousehome

著者より

大切な4人——夫のオリヴァー、父ピーターと母ベレン、きょうだいのハリー——に、語りつくせないほどの感謝と愛情をこめて、本書を捧げます。『ウェアハウス・ホーム』のアートエディターのケイト・アシュトンとクリエイティブ・ディレクターのポール・ライダー、レイチェル・アンダーソン、メアリー・オーメロッド、その他『ウェアハウス・ホーム』製作チームのみんな、そして、本書『ウェアハウス・ホーム』の刊行まで熱心に支えてくださった出版社テムズ&ハドソンのみなさまに、心から感謝申し上げます。

表紙：Sadie Snelson Architects（ロンドン）が手がけたクラプトンの倉庫（242ページ）。ローリー・ガーディナー撮影（rory-gardiner.com）
裏表紙（左）：Mark Lewis Interior Design（ロンドン）が手がけた家具製造工場（208ページ）。ローリー・ガーディナー撮影（rory-gardiner.com）
裏表紙（右）：Studio Gild と Robb Studio（ともにデンバー）が手がけた製粉工場（174ページ）。デイヴィッド・ラウアー撮影（davidlauerphotography.com）
2-3ページ：Edmonds + Lee Architects（サンフランシスコ）が手がけたオリエンタル倉庫。ブルース・デイモント撮影（brucedamonte.com）
10-11ページ：建築家であり建築学科教授でもあるシェリル・モーガンは、アラバマ州バーミンガムにある倉庫を改修した家に住む。むき出しのレンガ壁と高い柱が特徴的。ひときわ大きな窓の効果で、オープンプランの内装と中庭が違和感なく調和している。
274-275ページ：パリのセレクトショップMerciのクリエイティブ・ディレクター、ダニエル・ローゼンストローチが住む家では、いくつか並べたヴィンテージのメタル製ロッカーが、キッチンとリビングを隔てる絶妙なパーティションの役割を果たしている。木製架台にメタルの天板をのせたテーブルは、パオラ・ナヴォーネがGervasoni社のためにデザインしたもの。
314ページ：写真家のマリー・ピエール・モレルは、建築家のフランソワ・ムラッキオーレに依頼して、パリのフォーブール・デュ・タンプル通りにある古いメタル工房を住居の一部として取りこんだ。この住居ならではの特徴を活かすために、あまり手を加えていない素材を選んでいる。中2階の図書室にスクラップアイアンを使用しているのがその典型例。

WAREHOUSE HOME
インダストリアル インテリア コレクション

2019年12月21日 初版 第1刷発行

著者：ソフィー・ブッシュ
イラストレーション：ポール・ライダー（『ウェアハウス・ホーム』クリエイティブ・ディレクター）

翻訳：井上 舞／国枝祐希
翻訳協力：株式会社リベル
デザイン：木村真喜子（lunch）
校正：佐藤知恵
コーディネーター：原 瑛莉子／大浜千尋
編集：諸隈宏明
発行人：三芳寛要
発行元：株式会社 パイ インターナショナル
〒170-0005 東京都豊島区南大塚 2-32-4
TEL 03-3944-3981　FAX 03-5395-4830
sales@pie.co.jp

First published in the United Kingdom in 2017 by Thames & Hudson Ltd, 181A High Holborn, London WC1V 7QX

Published by arrangement with Thames & Hudson, London,
Warehouse Home: Industrial Inspiration for Twenty-First-Century Living © 2017 Sophie Bush
This edition first published in Japan in 2019 by PIE International Inc, Tokyo
Japanese edition © 2019 PIE International Inc

ISBN978-4-7562-5255-5 C0077
Printed and bound in China by C&C Offset Printing Co. Ltd

本書の情報はすべて原書に基づいています。